ルポ 中年フリーター
「働けない働き盛り」の貧困

小林美希 Kobayashi Miki

NS NHK出版新書
566

ルポ　中年フリーター――「働けない働き盛り」の貧困　目次

序章　国からも見放された世代……11

非正規から抜け出せない
新卒は空前の売り手市場だが……
見過ごされてきた中年層の労働問題
就職氷河期世代の放置が作った歪み
このままでは生活保護が破綻する
筆者の原体験
無気力化した日本の働き盛り
本書の構成

第一章　中年フリーターのリアル……33

1　とある中年男性の絶望――健司さん（38）の場合……34

「安定した職」はどこにあるのか？

フリーターのほうが稼げた時代もあった
奪われた「安定」の二文字
たった一度きり経験した「正社員」

2 「景気回復」から遠く離れて……44
「トリプルワーク」に追われる日々——信也さん（43）の場合
うつ病から非正規スパイラルへ——武志さん（44）の場合
正社員が非正規に転じる理由
「土日に休むとは良い御身分ですね」——幸平さん（33）の場合
ワンマン社長に振り回される日々
厳しすぎる地方の現実

3 結婚できるのは正社員だけ？……58
定職を持たぬまま働き盛りに——恭介さん（45）の場合
婚活ブームとは無縁の日々——拓也さん（43）の場合
見えない将来の展望

4 「法令順守」が生んだ非正規……68
非正規シングルマザー——由夏さん（40）の場合
百害あって一利なしの「三年ルール」

二〇〇四年に運命は決まっていた

5 農業のブラックな職場……77

食えない、休めない、希望もない――祐樹さん（42）の場合

労働基準法なき世界――康弘さん（43）の場合

6 「非正規公務員」の憂鬱……83

故郷で就職したけれど――健一さん（37）の場合

介護職という激務

延々と続く非正規雇用

第二章 女性を押さえつける社会……91

1 子どもを産ませない職場……92

「二人目」はぜいたく品――正志さん（41）の場合

夫にも親にも頼れない閉塞感――智美さん（38）の場合

「二人目不妊」が日本を脅かす

2 閉ざされた「正社員」への道……100

転職を阻む高すぎる壁――博美さん（39）の場合

学童保育を支える非正規職員――真澄さんの場合
非正規と正社員の間にある賃金格差
見えづらい女性の中年フリーター
小手先の規制強化では不十分

3 「妊娠解雇」の衝撃……112
増加するマタニティハラスメント――彩花さん（33）の場合
「妊婦は羨ましいよな」
職場復帰しても居場所がない
横行する「妊娠解雇」――陽子さん（39）の場合
育休をとればクビ――清美さん（38）の場合

4 介護・看護職と非正規公務員……124
「二人目だから流産してもいいじゃない」――理恵さん（35）の場合
妊娠看護師の一〇人に一人が流産
公務員の世界を襲う異変――弘子さん（40）の場合

5 「妊娠解雇」から児童虐待へ――多恵さん（41）の場合……132
「なんで子ども作るの？」

出産・育児で二度の解雇

たまらず手をあげてしまった日
「子殺し」が他人事と思えない
出産に理解のない企業に価値はない

第三章　良質な雇用はこうして作る……143

1　雇用のミスマッチをどう減らすか——富山県の場合……144
働きやすく、住みやすい県
優良中小企業と学生をつなげる仕組み
「就活女子応援カフェ」での一コマ
「中年フリーター」への入口を閉ざす取り組み

2　皆を幸せにするオーダーメイド雇用——小野写真館の場合……158
働き方は無限にある
出産による離職を避ける仕組み
中年層雇用への意欲
川上に立つビジネスを
小野写真館の採用戦略
就職説明会での一コマ

「この会社を辞めることはない」

3 社長の仕事は「人の目利き」――ノーブルホームの場合……173

「事業は人を育ててこそ」
ノーブルホームの採用戦略
業界平均を大きく下回る離職率
一〇〇%の育休取得率

4 「ものづくり×女性」の最前線……184

「年功序列」が企業を強くする――エイベックスの場合
「会社のためという言葉はいらない」
製造現場で活躍する女性たち――協和工業の場合
「自分の仕事を見つけてほしい」

5 社員一人ひとりが輝く職場……196

「業界ナンバー1の平均給与を目指す」――ハンズマンの場合
社員が輝く仕組み作り
社長の人柄が生んだ企業風土
従業員のやりがいを創る――ワンダーテーブルの場合

終章　中年フリーターは救済できるか……207
企業経営者から見た中年フリーター問題
政治家から見た中年フリーター問題
正社員化を促す仕組み
誰かを切り捨てた経済は弱い

おわりに……220

序章　国からも見放された世代

非正規から抜け出せない

正社員になれない——。

三五~五四歳のうち、非正規雇用労働者として働く「中年フリーター」は約二七三万人に上り、同世代の一〇人に一人を占めている。この数字に既婚女性は含まれていない。同年齢層の女性の非正規で、扶養に入るための「就業調整をしていない」人は四一四万人もいることから、潜在的な中年フリーターはより多いと思われる。

そうした中年フリーターの一人、松本拓也さん(四三歳)は、非正規雇用労働が長く続いていることへの心境を静かに語った。

「四三歳の今、雇用社会に幻滅した気持ちが膨らんでいます。この先、正社員にはなれないだろうと思うと、非正規雇用のまま一人で社会を浮流している感覚に襲われます」

拓也さんは、これまで非正規雇用を繰り返し、その全てがブラック企業だった。三〇代で月給三〇万円の契約社員として量販店で働き、すぐに副店長になったが、時には月一〇〇時間を超えるような残業を強《し》いられ、退職に追い込まれた。

その後に勤めた飲食店では、アルバイトで月収が一三万円。労働条件について疑問を口にすると、あっさりクビになった。無職になって生活保護に頼り、職業訓練校に通った。

あきらめずに仕事を探すと、フルタイムのパート社員として、大手小売りチェーンが展開する都内の高価格帯のスーパーで働くことができ、少しばかりの「安定」を得た。現在、人手不足の小売業界では賃金が上昇傾向にある。拓也さんの時給は一二六〇円。店舗は夜遅くまで営業しているため、割増賃金の得られるシフトに積極的に入ると、残業手当分だけで月八万円ほどになる。社会保険料などが引かれても、手取りで月二三万円は確保できる計算だ。

とはいえ、「雇い止め」に遭わないかと契約更新の前にはビクビクした。レジを担当する派遣社員は大量に「派遣切り」されているが、彼らには怒る様子がない。働く側にも、非正規雇用ならクビになっても当たり前という流れができているかと思うと、拓也さんは身震いする思いがするという。

「この先いくら努力をしても、年齢的に正社員は難しいだろう。貯金もままならない。一体、この先どうなるのだろうか」

いくら努力をしても非正規雇用から脱せない現実、社会からは見えづらい貧困が、ここにある。

新卒は空前の売り手市場だが……

昨今、労働者の過酷な環境が報道される機会が多くなった。労働基準監督署が有名企業に立ち入ることも珍しくない。

近年で最も大きな波紋を呼んだのは、二〇一五年、電通の女性社員が二四歳という若さで過労自殺をした事件だろう。将来のある女性が、人気就職先ランキングで常に上位を走る電通に入社したものの、長時間労働を強いられパワハラを受けたことで、入社してわずか九か月、クリスマスの朝に自殺に追い込まれた。この問題は大きく取り上げられ、厚生労働省も立ち入り調査するに至り、無視できない事件となった。

少子化で労働力人口の減少が迫り、政治も経済界もいよいよ重い腰を上げて、働き方について見直すという気運が高まっている。安倍晋三政権は「一億総活躍社会」「すべての女性が輝く社会づくり」「働き方改革」など、次々に労働問題に関するスローガンを掲げ、かつてないほどにまで雇用政策が目白押しとなっている。

現在、新卒採用は売り手市場だ。一九年三月に卒業する大学生の内定率は、一八年九月一日現在で九一・六%となり、前年同月の八八・四%と比べて三・二ポイントの上昇を見せた（株式会社リクルートキャリアによる調査）。また、就職率（卒業生に占める就職者数の割合）を見ても、一七年三月の大学学部卒は七六・一％、一八年三月は同七七・一％と、バブル崩壊前の水準近くに上昇している（文部科学省「学校基本調査」）。

就職の「中身」を見ても、正社員が増えていることが分かる。

文部科学省は、二〇一二年度から就職者のうち「正規の就職者」か「正規の職員等でない者」の内訳を公表している。このうち、「正規の職員等でない者」は「雇用契約が一年以上かつフルタイム勤務相当の者」を指す（一二年度からは、「雇用契約が一年以上かつ一週間の所定労働時間が四〇〜三〇時間の者」と変更）。これを見ると、一二年三月卒の正規の就職率は六〇・〇％だったが、一七年三月は七二・九％、一八年三月は七四・一％と跳ね上がっている（「学校基本調査」）。

これらの数値が示す事実は明快だ。つまり、現在の労働市場において、新卒採用は明らかな売り手市場なのである。

見過ごされてきた中年層の労働問題

そうしたなかで、取り残されている重要な問題がある。就職氷河期に社会に出て、現在は「中年フリーター」と呼ばれる人たちの存在だ。

この言葉にスポットライトがあたるようになったのは、二〇一五年のことだ。三菱UFJリサーチ&コンサルティングの尾畠未輝研究員の試算によれば、中年フリーターは増加の一途にあり、一五年時点でおよそ約二七三万人いるという。

いうまでもなく、彼らは正社員に比べて貯蓄が少なく、社会保険の加入率も低い。そのまま年金を受給する世代になると、月七万円に満たない国民年金しか受け取れない。となれば、生活は立ち行かなくなり、生活保護が視野に入ってくるだろう。ところが、日本の財政はそれだけのボリュームを支える状況にない。生活保護という制度そのものが破綻《はたん》しかねない状況だ。

そもそも、中年フリーターはなぜここまで増えてしまったのだろうか。

その理由は明らかだ。日本において、新卒時に正社員になれなかった者は、そのまま非正規の職に就くことが多い。労働政策研究・研修機構の「壮年非正規雇用労働者の仕事と生活に関する研究」(二〇一五年)では、男性で二五歳時に非正規雇用の場合、五年後の三〇歳時に正規雇用になっているのは四一・七%、一〇年後の三五歳時で四九・一%と約半数に留まるとしている。三〇歳時に非正規雇用の場合、三五歳時に正規雇用になるのは二八・〇%でしかない。

そして、かつて新卒時に就職氷河期を経験した世代は、今や中年（三五～五四歳）にカテゴライズされる年齢になった。つまり、「就職氷河期世代」や「ロスジェネ世代」などと呼ばれた層が、正社員の職を得ることなく、そのまま移行してしまったわけだ。

ここで、文部科学省の「学校基本調査」から、就職率の推移を確認しておこう。

大卒就職率はバブル崩壊直後までは八〇％前後という高水準を維持していたが、一九九二年からはバブル崩壊の影響で新卒採用が絞り込まれ、下降の一途をたどった。九五年には六五・九％まで落ち込んだが、氷河期の序章に過ぎなかった。大手証券の山一證券が九七年に廃業に追い込まれた頃、就職率はさらに落ち込み、二〇〇〇年に統計上初めて六割を下回る五五・八％をつけ、〇三年の五五・一％が過去最低となった。つまり、学生の二人に一人は就職できなかったことになる。

さらに問題だったのは、当時の「就職率」の定義では、「一年以上の雇用契約」であれば非正規雇用も含まれることだ。つまり、正規でも非正規でも「就職率」の上では同じにされてきた。筆者が大学を卒業した二〇〇〇年、二人に一人が就職できたといっても、どれだけの新卒が正社員で社会人のスタートを切ったかは分からない状態だった。二〇〇三年の二〇～二四歳の完全失業率は九・八％で、新卒時期の一〇人に一人が職がない事態に陥っていた。

その後、〇八年度の就職率は六九・九％と七割近くに戻ったが、同じ年に起こったリーマンショックでまた落ち込み、一〇年は六〇・八％となった。リーマンショックが落ち着いた頃、二〇〇七年から始まった団塊世代の定年による大量離職の影響もあって、企業の目が人材確保に向き、一〇年以降には一気に売り手市場に転じた。すでに述べたように、二〇一八年三月の大卒就職率は七七・一％まで上昇。ようやくバブル崩壊前の水準に戻った形だ。

以上からも明らかなように、新卒採用は、時の景気によってまるでジェットコースターのように上り下りしてきた。若者たちは、新卒のタイミングで運命を翻弄《ほんろう》されてきたようなものだった。

就職氷河期世代の放置が作った歪み

次のようなデータもある。

二〇一七年の「就業構造基本調査」（総務省統計局）をもとに、大卒男性の未婚率を雇用形態別にまとめると、二〇～二四歳の時点では雇用形態にかかわらず九五％超が未婚だ。

大卒就職率（全卒業者に占める就職者の割合）の推移

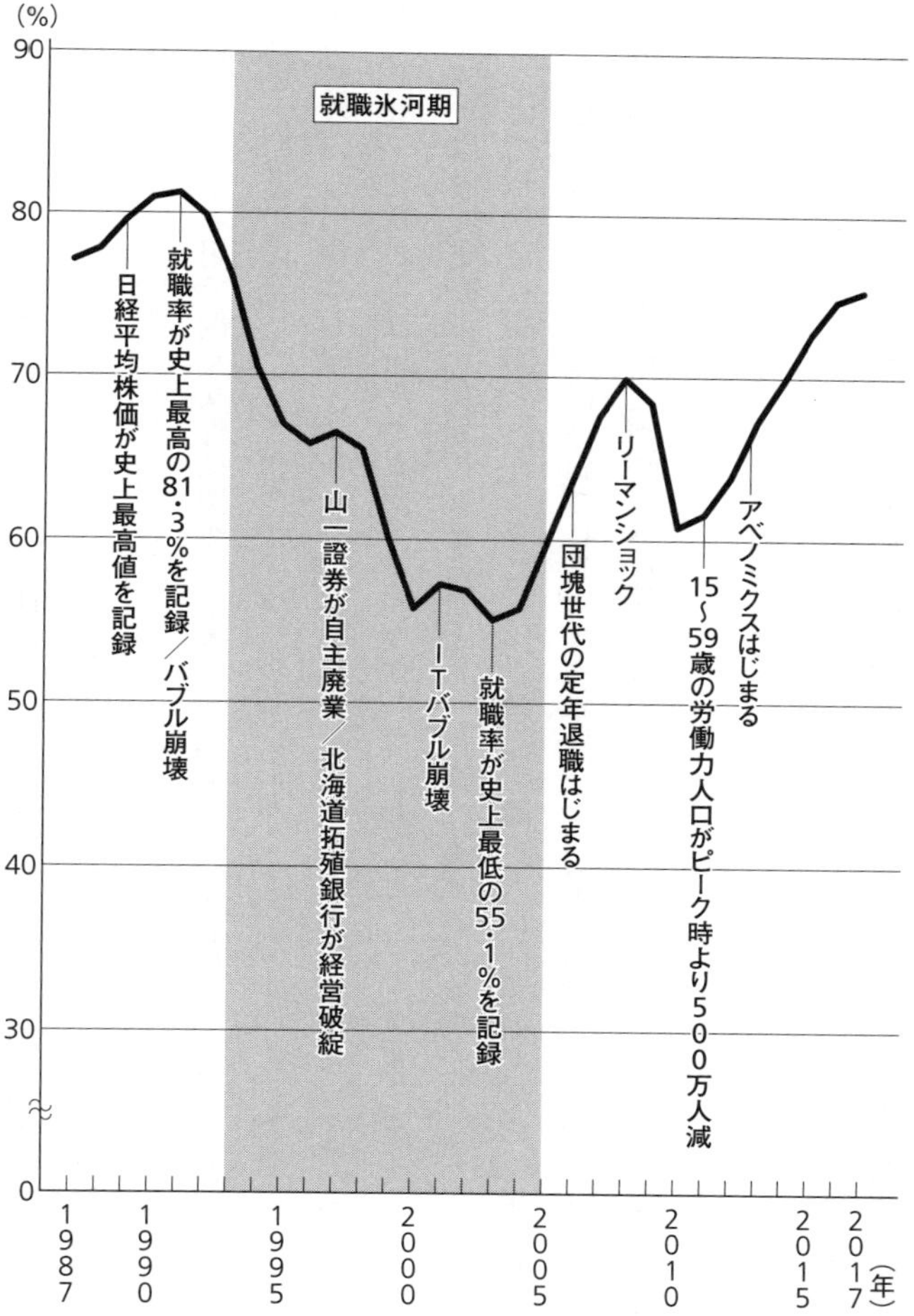

（出典：文部科学省「学校基本調査」）

だが、これが三五〜三九歳となると、正社員をはじめとする正規雇用者の未婚率は二四・七%にまで減少しているのに対して、派遣・契約社員は六〇・六%、パート・アルバイトは七九・四%が未婚のままとなっている。

連合「非正規雇用で働く女性に関する調査二〇一七」によれば、女性の初職（初めて就いた仕事）の雇用形態によって結婚や出産に影響があることが分かった。初職が正社員だと配偶者のいる割合は七〇・九%だが、非正規だと二六・九%に留まる。子どもがいる割合を見ても、初職が正社員だと五四・一%だが、非正規だと二一・六%しかない。

社会人のスタートが非正規雇用であることは、出産にも大きな影響を与える。

これらに関わる定点観測を行う調査に、国立社会保障・人口問題研究所の「出生動向基本調査」がある。五年ごとに実施される全国標本調査で、最新版は二〇一五年調査だ。ここでは、経済環境が出産観に影響を及ぼす例として、「夫婦の平均理想子ども数」の推移を見ておきたい。

調査の値が最も高いのは、バブル崩壊前夜の一九八七年（二・六七人）だが、二〇一五年調査では過去最低の二・三二人に落ち込んだ。結婚持続期間が〇〜四年の夫婦に限っていえば二・二五人で、こちらも過去最低の数値を示している。これが「夫婦の平均予定子

夫婦の平均理想子ども数と平均予定子ども数の推移

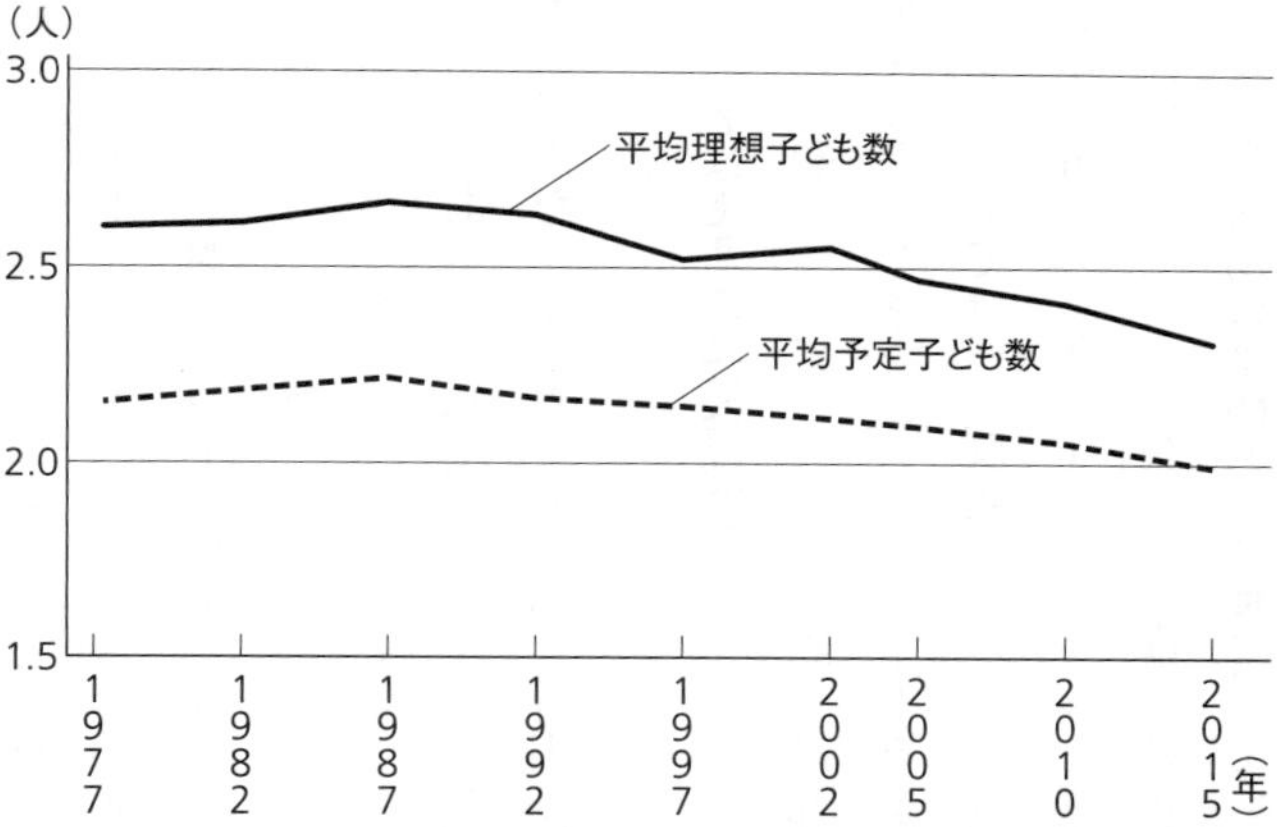

（出典：社会保障・人口問題研究所「出生動向基本調査」）

ども数」を尋ねる調査になると、およそ二・〇人となる。夫婦間の「理想」においても少子化が進んでいるのみならず、現実的な「予定」としても断念せざるを得ない状況が見て取れる。

いうまでもなく、少子高齢化は日本社会が抱える大きな課題である。二〇一六年に出生数が初めて一〇〇万人を割り込むと、翌一七年は過去最低の九四万人を記録した。

その背景には、団塊ジュニア世代（一九七一～七四年生まれ）が出産年齢を超えてしまったことがある。また、ボリュームの大きい団塊ジュニア世代やポスト団塊ジュニア世代（一九七五～八一年生まれ）が、就職氷河期を経験した世代であることも見過ごしてはならない。恋人がいても結婚に二の足を踏まざるを得ない、子どもを躊躇《ちゅうちょ》せざるを得ない、そんな姿が目立った。

そして今、将来の見通しが立たないことで、恋愛すらままならない中年フリーターが少なくない。すると当然、非婚・単身世帯が増えていく。実家で親と同居し、親の年金や貯蓄をあてにできるうちは、まだしのぐことができるかもしれない。しかし、親がいなくなった時、あるいは病気になった時、介護を要した時に、たちまち生活は破綻する。ゆとりある老後なんてとんでもない。貧困は隣り合わせだ。

このままでは生活保護が破綻する

この問題について、NIRA総合研究開発機構は、二〇〇八年四月の段階で「就職氷河期世代のきわどさ」というレポートをまとめ、警鐘を鳴らしていた。

同レポートでは、就職氷河期を一九九三年頃から一〇年程度と位置付けている。高卒の場合は七五〜八五年頃生まれ、大卒の場合は七〇〜八〇年頃生まれだ。ただし、統計データの都合上、二〇〇二年の就業構造基本調査での二五〜三四歳、つまり六八〜七七年生まれを就職氷河期の集団として推計している。

このレポートによれば、非正規労働者の増加や、家事・通学をしていない無業者、つまりフリーターの増加によって、七七万四〇〇〇人の潜在的な生活保護受給者が生まれると試算している。その結果、彼らが生活保護を受けることになると、追加的な予算額は累計で約一七兆七〇〇〇億～一九兆三〇〇〇億円に上るとされた。

生活保護の受給者は、二〇一五年三月の二一六万人をピークに微減傾向にあるが、依然として二一〇万人前後の水準にある。受給者を年齢階層別に見ると、六五歳以上の高齢者が四五％近くを占めるが、四〇～四九歳も約一〇％で一〇人に一人となる。長年にわたり、四〇代より六〇～六四歳の受給者のほうが多かったが、二〇一四年に逆転した。

「失われた一〇年」が「失われた二〇年」に長引いたのは、雇用問題について本気で国が取り組まなかったからだと言える。二〇〇〇年当時、「フリーターは甘い」「若者が仕事を選《え》り好《ごの》みしている」という風潮が強く、真剣な議論がされずに埋もれてしまっていた。その間に「若者」は「中年」になり、そのツケが「中年フリーター」となって今、国家を揺るがしかねない問題となっていることに、気づいている人がどのくらいいるだろうか。消費も税収も大きく落ち込む。

筆者の原体験

筆者は、就職氷河期の問題に長年取り組んできた。そのきっかけは、当時の自分も含めた同世代の友人たちの働き方に素朴な疑問を感じたことにあった。

筆者が大学を卒業した二〇〇〇年は、大卒就職率が統計上、初の六割を下回って二人に一人しか就職できなかった年にあたる。筆者は約一〇〇社にエントリーシートを送り、五〇社は面接を受けた。最終的に内定が出たのは、消費者金融大手の総合職の一社のみ。その会社は辞退し、卒業後に就職活動を再開すると、民事再生法を申請したばかりの業界紙である株式新聞社に正社員として入社することができた。

一年後、「最初は契約社員だけど」と誘われ、週刊エコノミストの契約社員になった。毎日新聞社と一年ごとに更新のアルバイト契約を結んだ。

仕事の幅が広がり、夢中になって働いた。マスコミは、労働時間があってないようなものだ。雑誌の場合は校了時間が朝まで押すこともあり、編集部のソファで新聞紙をかぶって寝て、そのまま翌朝から仕事をすることもあった。

ただ、しばらくすると、契約社員として働くことに不安を感じた。将来が見通せないからだ。ただし、正社員になるには、学生と一緒に採用の筆記試験を受けてパスしなければならない。そのうち仕事にも慣れて、記事や特集について読者から応援の手紙をもらうようになると、自分の仕事が天職に思えたが、このまま契約社員でいて大丈夫だろうかというジレンマを抱えた。

そして、周囲を見渡すと、どの業界に就職した友人たちも、やりがいを感じてはいても連日、終電帰りでサービス残業。土日も無賃で出勤して疲弊していた。

「皆、疲れている。何かがおかしい。これは大きな問題ではないか」

そう直感した。

マクロ経済を得意とする週刊エコノミストでは、労働問題は経済や企業経営とは対極にあったが、「マクロ経済を作るのは個々の労働ではないか」「働く意味での若者の足腰が弱体化することは、将来、大きな影響が出るのではないか」と、取材する必要を感じた。

編集部で企画を出したが、当時は「若者が甘いんだ」という風潮が強く、企画が通ることはなかった。また、当時は中高年のリストラに注目が集まり、なかなか若者の雇用にまで目が向いていなかったこともある。

その頃、「非正規雇用労働者」という言葉は世間では馴染《なじ》みが薄く、非正社員は「フリーター」と呼ばれていた。リクルートが一九八七年に生み出した、フリーランスとアルバイターを掛け合わせた造語だ。この言葉のイメージが、八〇年代のバブル期時代、自由を謳歌《おうか》する若者を思わせたことも、事態を深刻に感じさせなかった要因のひとつだった。

企画が通らなかった二〇〇三年、何社か誘いを受けた企業に転職しようかどうか悩んでいた。若気の至りで、伊藤忠商事の丹羽《にわ》宇一郎社長（当時）にアポイントをとって人生相談に行った。すると、企画が通らないと嘆《なげ》く筆者に対して、丹羽氏は「三度、言ってごらんなさい。三度も言われれば、上司は折れるから」とアドバイスをくれた。

「あと三回は企画を提案してみて、それでもこの企画が通らないようであれば、辞めて転職しよう」

そう覚悟を決め、デスクに企画を提案し続けた。そして、三人目への三回目の提案でようやくゴーサインを得た。ちょうど「国民生活白書」が発表され、一五～三四歳の若年フリーターが四一七万人いると問題視された。その後、いくつかの特集記事を掲載し、二〇〇五年からは第一特集として「娘、息子の悲惨な職場」がシリーズ化するに至る。特集では、正社員とフリーターの生涯年収に二～四倍の差がつくこと、フリーターやニートの増加により二〇三〇年には約六兆円の税収ロスが予測されることなど、マクロ経済への影響も取り上げた。この特集は幸いにも大きな反響を呼び、就職氷河期の問題がクローズアップされる端緒になったと自負している。

無気力化した日本の働き盛り

だが、当時から何も状況は変わっていない。むしろ、「若者」が「中年」になったことで、事態はより深刻な事態になっていると感じている。

中年フリーターが正社員になれない背景には、不況期に正社員の採用が絞り込まれているという事実がある。いったん非正規雇用になってしまうと「スキルが身につかない」、あるいは「スキルがついていても認めてもらえない」という状態が続くため、景気が回復して求人が増えても、思うような職には就けない。

さらに、正社員は長時間労働しなければならないとされる風潮も根強い。「そこまで働けるだろうか」という心配から、正社員の選択肢がなくなるケースもあるだろう。二〇一六年に発表された厚生労働省「パートタイム労働者総合実態調査」によれば、パートタイム労働を選んだ理由の一〇・三%が「正社員として働くことが、体力的に難しいから」というものだった。

長時間労働の正社員か、雇用が不安定な非正規雇用か――。

こうした二者択一のなかで、これまで子育て中の女性が非正規を選ばざるを得ない問題があった。しかし、今ではそれが男性にも広がってきたと感じる。あんなに働くことができるのだろうか。そこまでして正社員にしがみつく価値があるのか。そんな声も聞こえてくる。

そして、新たな問題として浮上してきたのが「あきらめ」だ。正社員になりたいという意欲はあっても、「どうせ無理だろう」という「あきらめ」が邪魔をする。

頑張れば、いつか安定した雇用に就けるはず。就職氷河期世代はそう信じていた。しかし、いくら努力を重ねてみたところで評価されず、使い捨てのような働き方を強いられてきた世代でもあった。企業や社会に対する不信感が募り、もはや意欲を喪失してしまっている。

その一方で、大企業はこの世の春を謳歌しているかのようだ。財務省の「法人企業統計調査」によれば、企業の内部留保を指す利益剰余金（金融・保険を除く全産業）は年々増加している。一七年度は前年度から四〇兆円増の四四六兆四八四四億円となり、六年連続で過去最高を更新した。

国税庁「民間給与実態統計調査」で中年層の平均年収を見ると、女性は一貫して三〇〇

賃金カーブ（時給ベース）

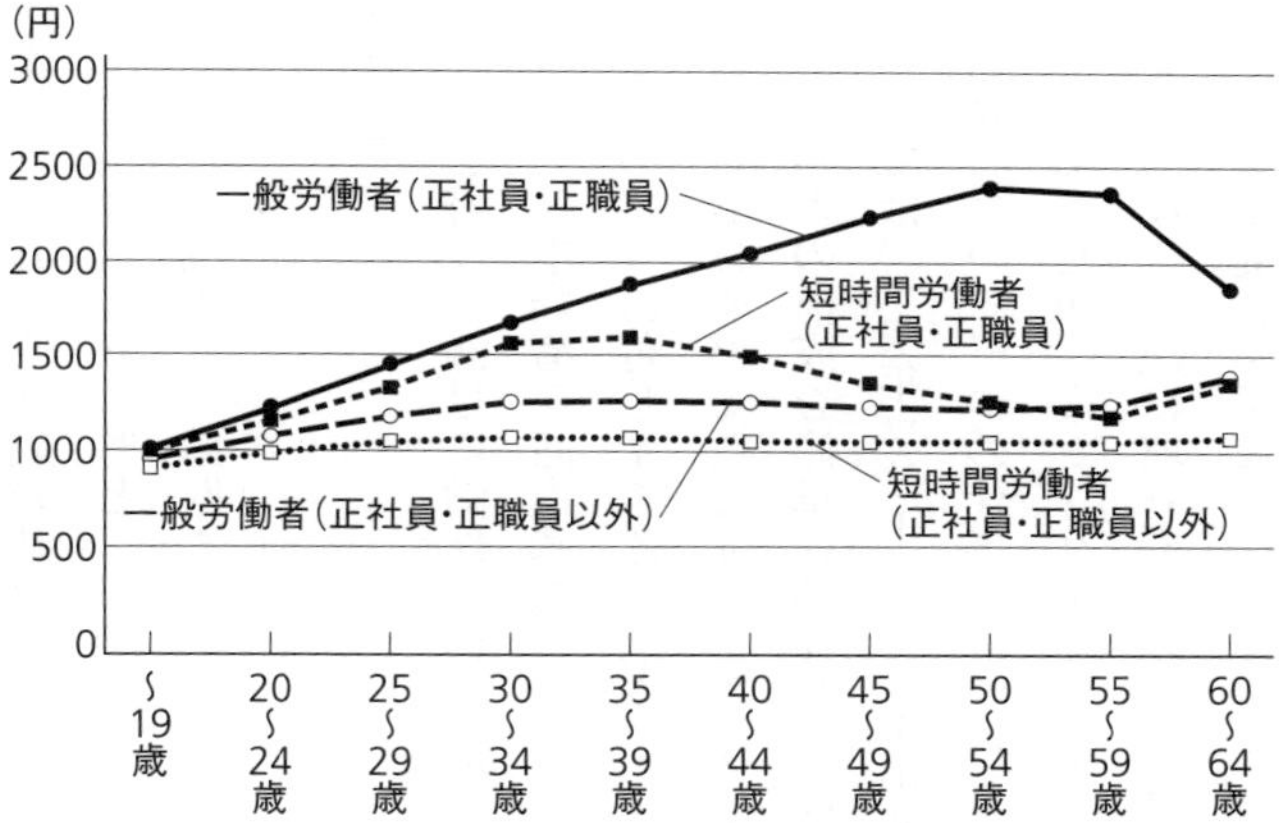

（出典：厚生労働省「賃金構造基本統計調査」）

万円前後で変わらないが、働き盛りの男性は年々減収しているのが分かる。男性の平均年収を「一九九七年→二〇〇六年→二〇一六年」で比べてみると、三五〜三九歳は、「五八九万円→五五五万円→五一二万円」となり、この二〇年で年間七七万円の減収となった。また、四〇〜四四歳では「六四五万円→六二九万円→五六三万円」で八二万円、四五〜四九歳では「六九五万円→六五六万円→六三三万円」と六二万円減っている。

さらに、厚生労働省の調査から、フルタイムで働く一般労働者の正社員と非正規の賃金の格差を見ると、四〇〜四四歳の非正規の時給は一二九四円で、正社員の六三％

に留まる。四五〜四九歳の時給は一二七〇円で正社員の五六％、五〇〜五四歳は時給一二五九円で正社員の五二％と、年齢が上がるごとに差がついていく（二〇一七年の賃金）。

この悪しき現状を、見過ごすわけにはいかない。

本書の構成

なぜ働き盛りが満足に働けないのか――。

本書は、日本経済が回復基調にあっても取り残されたままの「中年フリーター」に着目し、そのあまりに苦しすぎる生活をレポートしたい。数々の当事者取材から見えてくるのは、彼らがもはや怒ることすらできず、ただただ無力感にとらわれているという点だ。

以下、本書の構成を簡単に紹介しておきたい。

第一章では、「中年フリーター」を中心とする、三〇〜四〇代の悲惨な労働環境をいくつか紹介したい。三つの仕事を掛け持ちして家族を養う四三歳男性、派遣社員として再スタートを切った四〇歳シングルマザー、自治体の非正規介護職として働く三七歳男性などは、典型的な「好況に取り残された人々」だ。彼らの姿からは、自己責任論では片付けられない現実が見えてくる。

第二章では、なかなか顕在化しにくい女性の労働問題を取り上げたい。特に問題視すべきは、「妊娠解雇」や「マタハラ（マタニティ・ハラスメント）」だ。妊娠を機に派遣契約が満了となったり、夜勤を強いられた末に流産したりと、あまりにひどい実態が取材を通して見えてきた。女性の「働きづらさ」を生み、少子高齢化にもつながる実態をレポートする。

第三章では少し目線を変え、雇用のミスマッチを解消する行政の取り組み、雇用を大事にする企業、労働者をしっかりと育てようという企業の取り組みを紹介する。これらの施策が日本中に広がっていけば、「中年フリーター」の不幸は繰り返されずに済むことだろう。

当事者取材だけでは全体が見えず、統計だけでは個々人の苦しみが見えてこない。本書では、当事者取材と各種統計をあわせて紹介しながら、問題の本質を浮き彫りにしていきたい。

なお、企業に取材した第三章を例外として、ルポ形式で紹介する方々は全て仮名である。

第一章　中年フリーターのリアル

1　とある中年男性の絶望――健司さん（38）の場合

「安定した職」はどこにあるのか？

「いつも、どん底の時にお会いしますね」

この一〇年ほど継続的に連絡を取り合い、取材に応じてくれる石田健司さん（三八歳）は、苦笑いしながら近況を話してくれた。日雇い派遣で食いつなぐ日々で、仕事は極めて不安定だ。

日雇い派遣の時給は一〇〇〇円に届くか届かないかという水準で、一日働いても一万円に満たないことがほとんどだ。「欠員待機」をして、仕事が振られると一万円になることもあるが、派遣先は選べない。

仕事が入ると、港に近い駅に集められる。いかにも学生アルバイトのような若者から、働き盛りの世代まで多種多様だが、年齢が上に見える人ほど表情は暗い。中国で作られたお菓子がきちんと箱に入っているかを検品する日もあれば、パチンコ台の製造につく日もあった。天井からつりさげられている電動ドライバーで、朝から晩までただひたすらパチンコ台にネジを八か所留めていったという。その時は、一週間で一五〇〇ものパチンコ台のネジを留め続けた。

「時給一〇〇〇円は滅多にない。日雇い派遣は外国人が多く、工場で仕事を教える側も外国人が目立って増えてきた」

コンビニ向けのおにぎりやパンを作る工場でも、外国人労働者が半分ほどを占めていたという。皆、ほとんど日本語を話すことができない。スーパーに納品する総菜の仕分けの派遣先では、フィリピン人が現場監督をしていた。マスクはしているが、ゲラゲラと大声で談笑しながら仕事をしていた。外国人労働者には真面目な人も多いだろうが、今このなかで自分も働いているのかと思うと、不安がこみ上げてくる。

「日雇い派遣は、需要が変わるからこそ存在する働き方。今の仕事の内容では、永遠に正社員にはなれないだろう」

そう悟った。別のリスクもある。

「ガテン系の派遣は、使い捨てにされるからずっとはできない。工場の仕事でも、全工程を知って学ぶことができれば違ってくるとは思うが、長く働かないことが前提の日雇い派遣に教えてもらえるのは、せいぜいネジ打ちなど工程の一部分だけ」

必ず仕事を紹介することが売りの日雇い派遣に心が動いた時期もあった。しかし、その場合は日給六〇〇〇円程度のことが多く、生活を維持するので精一杯で貯金もできない。せめて日給一万円に届けばと思うが、そうした仕事はあまり回ってこない。これでは社会保険にも加入できず、国民年金と国民健康保険では不安だ。

「この構造から抜け出すのが難しい。若い労働力が減っているというのに、なぜこんなにも安定した仕事に就けないのか」

素朴な疑問に襲われる。そして、多くの中年フリーターが健司さんと同じような悩みを抱えているはずだ。

フリーターのほうが稼げた時代もあった

健司さんは、東京の下町育ち。高校は三年生になる直前に中退した。二年ほどコンビニエンスストアや飲食店でアルバイトをして、いわゆるフリーター生活を送った。それでも月収三〇万円ほどになり十分に暮らしていけた。

だが、ずっと狭い店舗のなかにいると、次第に「太陽の光を浴びた仕事がしたい」と思うようになった。即配サービス会社の仕事を見つけると、「メッセンジャー」と呼ばれる、自転車やバイクを使った配送の仕事に就いた。

業界大手の会社から仕事を受注する個人事業主としての働き方だった。企業から言われるままに業務請負契約を結ぶと、日々ひっきりなしに仕事の依頼が携帯電話のメールに送られてきた。もし断ることが多いと「あてにならない」と仕事を干されてしまうため、どんな仕事も引き受けた。都内はもちろん、東北地方までバイクを飛ばして荷物を運ぶこともあった。一日に一〇〇キロメートルは走った。運送距離によって料金が変わり、そこからマージンが引かれて健司さんの収入になる。売り上げそのものは月五〇万円ほどになったが、手取りは月に平均二〇万円程度だった。雨の日は稼ぎ時で、できるだけ仕事を入れると、手取りで四〇万円以上になることもあった。

「たとえ高校を中退しても、頑張れば希望が持てるのでは」

歯を食いしばって頑張っていた。

メッセンジャーの仕事は約六年続けた。勤め先は変わったが、いずれも個人事業主かアルバイトだった。そのうち、メッセンジャーの仕事にIT業務も加わるようになった。大手コンピュータメーカーが、バイク便ライダーがプリンタの修理をする「カスタマーエンジニア」を募集していて、人づてに声がかかったのだ。プリンタのネットワークシステムについて、二か月の研修を受けると仕事ができるという。時給も一三〇〇～一五〇〇円と高めで、「これはスキルアップを図るチャンスだ」と期待した。

健司さんは大手コンピュータメーカーの社員証を渡され、顧客の元に駆けつけ、現場で指示を受けて働いていた。だが、実際には違う会社で業務請負契約を結んでいたため、これは「偽装請負」にあたる状態だった。

偽装請負とは、書類上、形式的には請負（委託）契約だが、実態としては労働者派遣である状態を指す。これは違法だ。そもそも請負とは、仕事の完成をもって対価を得ることをいう（民法第六三二条）。したがって、現場で仕事の発注者から指揮命令されながら仕事をしている状態は請負契約ではなく、派遣労働にあたる。また、何重にも下請けされて誰に雇用されているか分からない状態になるのも偽装請負の特徴で、責任の所在が曖昧《あいまい》になるほか、基本的な労働条件が守られない問題が生じやすい。

健司さんのケースも典型的な偽装請負だった。「三重派遣」という状態に不安を覚え、

「この業界で安定した働き方はできないだろう」と感じ、他の職探しをすることにした。

奪われた「安定」の二文字

この頃の健司さんは、交際していた恋人との結婚が視野に入り、なにがなんでも正社員の道を探りたかった。

筆者は、二〇〇五年頃から雇用の不安定が結婚を妨げていることを問題視してきたが、近年は次々と数字の面で検証されてきた。序章で紹介した、総務省統計局の「就業構造基本調査」が最も詳しい。

そのほか、労働政策研究・研修機構「若年者の就業状況・キャリア・職業能力開発の現状」（二〇一四年）においても、雇用形態による結婚への影響が明らかになっている。男性で配偶者がいる割合は、二五〜二九歳の正社員で三一・七％だが、パート・アルバイト・派遣・契約・嘱託社員などの「非典型雇用」全体では一三・〇％に留まる。「非典型雇用」のうち、パート・アルバイトに限るとわずか七・四％だ。

三〇〜三四歳では、正社員が五七・八％、非典型雇用全体で二三・三％、パート・アルバイトで一三・六％となる。つまり、男性は「正社員」であることが結婚の条件になっているといえる。同調査では、年収が高い男性ほど配偶者がいる割合が高まることも示されていた。

二〇〇八年九月、健司さんは零細企業の製本会社に採用され、三か月の試用期間を経て正社員になる見通しがついた。勤務時間は朝九時から業務が終わるまでで、深夜の二時に及ぶこともあった。月給は二五万円。人生で初めて社会保険にも加入できた。健司さんが就職した時は、業績が好調で工場はフル稼働。二交代制で夜勤にも入り、残業代を含むと月収は三〇万円近くになった。

「もうすぐ正社員になれる。新婚生活が始まって、やっと安定した生活を送ることができる」

そう期待に胸を膨らませたが、リーマンショックが人生を変えた。

リーマンショックとは、二〇〇八年に米大手投資銀行のリーマン・ブラザーズが破綻したことに端を発する世界的な金融不安だ。その余波は世界におよび、当然、日本経済にも影響した。円高が進んで輸出製造業に不利な状態に陥ると、国内の工場では「派遣切り」が横行して、路上生活に追い込まれる失業者が激増した。二〇〇八年一〇月二八日の日経平均株価は、バブル崩壊後の最安値となる六九九四円台をつけた。

特に打撃が大きかったのが、金融や不動産業界だった。不動産会社の冊子作りをメインとしていた健司さんの会社の業績はみるみるうちに落ち込み、仕事は激減してしまう。残業もなくなり、手取りは二一万円に減った。そして、社長は健司さんを正社員にすることを渋り始めた。

「これでは、アルバイトを掛け持ったほうが稼ぐことができるかもしれない」

健司さんは、会社の実情を察して正社員登用をあきらめ、ダブルワークを始めることを決意した。製本会社では時給の高い夜勤のアルバイトを入れ、昼間は日雇い派遣で稼いだ。合計三〇万円ほどの収入となったという。

仕事漬けの日々が始まると、妻とはすれ違いの生活となり、一年も経つと夫婦関係は悪くなり、離婚を余儀なくされた。製本会社の仕事はさらに減って、アルバイトの仕事すらなくなった。

たった一度きり経験した「正社員」

「自分にはもう、何も残っていない」

元妻と一緒に住んでいたマンションは引き払い、日雇い派遣をしながらシェアハウスで暮らすようになった。

シェアハウスは、使わなくなった町工場を再利用したもので、そこに三〇〜四〇人が住んでいる。中はパーテーションで仕切られ、二畳ほどのスペースに二段ベッドが無造作に置かれただけの部屋がある。しみついた油の臭いがきつい。ほこりっぽく、すぐに喉を痛めた。お金がなく、病気になっても病院には行けなかった。いつも前向きな健司さんも、この時ばかりは死を考えた。

それでも、望みは捨てなかった。派遣会社は仕事の紹介をしてくれる。それが地獄のような生活のなかに降りてきた、自分を救ってくれる蜘蛛《くも》の糸のように見えた。

「日雇い派遣でも、毎日仕事があるだけ良いのかもしれない。正社員になれたとしても、好業績が続かなければリストラされる。倒産すればもともこもない。だったら、誰も頼らず、独立を考えたほうがいいのだろうか」

二年ほど日雇い派遣で生活しながら求職活動もし、独立の可能性も探っているうち、正社員になるチャンスが到来した。

最初は契約社員での入社だった。ベンチャーのＩＴ企業で、社長と上司と健司さんの三人で事業をスタートさせ、三年半の間に従業員は一〇人ほどに増えた。初めての「月給」

をもらうと、やがて明確な契約がないまま正社員登用された。月給は手取りで一七万〜一八万円だ。大手アパレル会社の本社に、「ヘルプデスク」というITサポート事務員として常駐する。取引先で起こる、レジなどのシステムトラブルへの対処が仕事だ。

だが、日中は店舗ごとにパソコンの導入や試行があり、その間にも故障などトラブルで問い合わせの電話が鳴りっぱなしだった。夜にならないと、集中して現場にかかりきりになれない。業務時間内ではとうてい仕事は終わらなかった。週末には、全国に二〇〇ある店舗のあちこちから、一〇〇件を超えるヘルプが来る。

あまりの激務に逃げるようにして職場を去った。健司さんが「正社員」を経験したのは、この一度だけで、結局は今も日雇い派遣などで職を得ている。

健司さんのような働き方は、社会保障制度からこぼれ落ちてしまい、病院にもかかれない事態に陥る。非正規雇用では民間の保険に入る余裕もない。

しかし、こうした非正規でも安心して働くことを支える仕組みがある。労働組合が運用している共済だ。たとえば日本医療労働組合連合会では、医療や介護職場などの労働者に向けた「医労連共済」を運用している。労働組合に入ることが共済の加入条件となっており、非正規雇用労働者でも組合員の家族でも加入できる。「生命共済」「医療共済」「交通災害共済」をあわせた「セット共済」の掛け金は、最小で月額八〇〇円と加入しやすい。インフルエンザなど病気で五日以上休んだ場合でも、休業給付が受けられるのが特徴だ。時給制や日給制で働く非正規雇用労働者にとって、ありがたい制度だろう。日本医労連の共済担当者は「共済と労働組合に同時に入ることで仲間もでき、職場で孤立しなくなる。労働条件の改善についても交渉しやすくなる」と話す。

こうしたセーフティネットこそ、国が構築すべきではないだろうか。

2 「景気回復」から遠く離れて

「トリプルワーク」に追われる日々――信也さん(43)の場合

「アベノミクスはテレビで見る大企業の話。僕ら〝下々の者〟に恩恵はない」

藤田信也さん(四三歳)の状況も切実だ。数年前に失業してから、北関東でバイト三つを掛け持ちするトリプルワークで家計を何とか維持していた。連日連夜働き詰めで、妻と幼い子とはほぼすれ違いの生活だ。

妻は介護職だったが、過酷な労働で退職した。介護の現場に嫌気がさして、もう戻りたくないと感じていたが、家計が厳しく一時は職場復帰した。しかし、その収入は全て保育料に消えてしまって意味がないと感じた。

勤務先からは「働くなら夜勤をやってもらわなければ」と言われた。夜間、信也さんが仕事で家にいないなか、子どもを置いて妻が夜勤をすることはできない。他の介護施設でも、「夜勤をしてフルに働けないなら雇わない」というところが多く、結局は共働きをあきらめた。妻は他の業界での再就職も考えたが、子どもが小さく、なかなか難しい。

信也さんの勤務先は三つだ。全てアルバイト採用で、量販店では時給八〇〇円、飲食店で時給七五〇円、公共施設で七五〇円という条件だった。実働は一日一〇〜一二時間、ほぼ毎日休みなしでバイトを入れて、働けるだけ働く。

それぞれの移動時間がかかるため、朝家を出て帰宅すれば寝るだけの生活だ。昼食は車での移動中、赤信号のうちに慌てておにぎりを頬張る。そうして稼ぎ出すトータルの月収は約二〇万円。そこから国民年金保険や国民健康保険の保険料が引かれると、手元に残るお金はわずか。そこへ、食料の物価上昇だけでなく、公共料金の値上げがじわじわと効いている。家賃が公営住宅で月一万円を切るからこそ、やっていける。

量販店の自転車コーナーでは、客は皆「乗ればいい。安いものを」と言って買っていく。「一〇万円もする電動自転車を買えるような人は、パチンコか何かで一発当たった人くらい」と信也さんは話す。

飲食店でも、客の注文する品で本当の景気が分かるという。高級車に乗っている営業マン風の男性でも、盛りそば六〇〇円を注文する。決して、一二〇〇円する天ざるそばは頼まない。五〇～六〇代の管理職風のサラリーマンも同じ。「地域の飲食店や流通関係で働くと、景気の実態が分かる気がする」と、信也さんは身震いする。

近年は国政選挙から足が遠のいている。

「どうせ自民党が勝つ出来レース。選挙に行く暇があるなら仕事を入れて稼いだほうがいい。なんの期待もしていない」

信也さんは、財布にあった三〇〇〇円を使って宝くじを買った。それを使えば紙幣がなくなる。清水《きよみず》の舞台から飛び降りる思いだ。「けれど、よく考えたら虚しい。なけなしの金を使ってまで夢を見たいのか……」と、宝くじを持った自分の手をじっと見てしまう。

働けど働けど　なお我が暮らし楽にならざり　じっと手を見る

かつて習った歌をふと思い出してしまう心境だ。まるで石川啄木の世界だ。家計が厳しくなり、現在は東北地方の実家に身を寄せている。

うつ病から非正規スパイラルへ——武志さん(44)の場合

「四四歳ですか。この年齢だと、チームリーダーになっていてもおかしくないですね」

面接で決まって言われるこの言葉を聞いた途端、中年フリーターの野村武志さん（四四歳）は、企業側が遠まわしに「うちはダメ」と言っているのが分かるようになった。年齢の壁が高く感じる瞬間だ。

専門学校卒業後、武志さんは小さな旅行会社に就職した。だが、あまりに激務が続くことで見切りをつけ、中堅ドラッグストアに就職した。いずれも正社員での採用だ。ドラッグストア業界は、不況期にあっても店舗数や売り上げ規模を伸ばしてきた。調剤薬局を併設することで診察帰りの顧客を呼び込み、品揃えを豊富にしつつ、プライベートブランド（PB）商品を拡充して利益率を高めるなど、数々の戦略が奏功していたのだ。そこには当然、雇用が生まれていた。

武志さんは仕事に精を出し、やがて店長に昇格した。だが、その実態は裁量も権限もない「名ばかり店長」だった。急な欠員が出れば、店長である武志さんがカバーして出勤せねばならず、休みはほとんどない。店長になる前は残業代が支払われていたが、それがなくなったことで、手取りは店長になってからのほうが少なくなった。

それでも結果は残してきた。どんな些細《ささい》な会話でも大事にして、そこから顧客の状況を知ろうと努力した。たとえば、風邪を早く治したいという顧客には、風邪薬だけでなく栄養ドリンクを、疲れやすく野菜が不足している顧客にはビタミン剤を勧めるなど、その人に合った商品を提案するよう心掛けた。また、店舗の向かいには皮膚《ひふ》科クリニックがあり、間違った商品を売ってはいけないと皮膚疾患の学術書を購入し、独学で勉強したこともあった。

そうした武志さんの営業努力が奏功し、リピーターが増え、売り上げは対前年比で五～一〇%ほど伸びた。ところが、いくら頑張って結果が数字に結びついても評価されず、店長手当五万円を含む月給は二四万円のまま変わることがない。相も変わらず労働力だけが酷使された。

そのまま四年が過ぎると、異変を感じるようになった。ある日を境に、顧客の来店が怖くなってしまったのだ。

そのうち、店に足を踏み入れた途端に心臓をぎゅっと掴まれた感じになって息ができなくなり、苦しくて立っていられなくなった。そのまま座り込み、しばらく休んで病院に駆け込んだ。心電図やエコー検査を受けたが異常はなかった。だが、理由もないのに激高してしまったかと思うと、次の瞬間に落ち込んで涙があふれ出ることもあった。

ある日、自動販売機を見かけてふいに蹴り飛ばしたくなり、「あ、俺はどうかしている」と気づき、スタッフ全員に率直に聞いた。

「ここしばらく、僕の態度、どう思う？」

皆から、「元気がない」「怒りっぽくなった」と指摘され、診療内科にかかるとうつ病と診断された。この頃は上司からパワハラに遭い、自暴自棄になっていた。社長は味方してくれたが、半年もすると限界がきた。

正社員が非正規に転じる理由

これ以上働いたら死んでしまう――。武志さんはドラッグストアを退職した。

無職になった武志さんに対し、団塊世代の両親は「うつ病は病気ではない。なまけているだけだ」と理解してくれなかった。家にいても針のむしろ。両親から「気の持ちようで治る」などと責め立てられるうち、気を失って救急搬送された。その後一週間くらいは記憶がない。

ドラッグストアを退職してから一年後、武志さんは再び働き始めたが、非正規雇用での転職が続く。就職氷河期世代には、ブラック企業に就職して心身を病んでしまい、退職するケースが珍しくない。そして、その後は非正規や無職となってキャリアが断絶され、そのまま中年フリーターに至ってしまう例が多い。武志さんも、その一人だった。

新卒で正社員になったとしても、ブラック企業で働くうちに疲弊して、フリーターに転じるケースは実際多い。

労働政策研究・研修機構の「壮年非正規雇用労働者の仕事と生活に関する研究」（二〇一五年）によれば、男性の場合、二〇代前半に販売職、サービス職（資格不要）、飲食サービス業に従事していると、壮年期（三五〜四四歳）に非正規雇用労働者になることと何らかの関係があると考えられるという。また、同レポートでは、壮年期で転職する際、たとえ正社員であっても退社・退職時の状況が「深夜に就業することがあった」「休日が週に一日もないことがあった」「心身の病気やけがをした（仕事が原因）」「職場でいじめや嫌がらせがあった」「一週間の労働時間が六〇時間を超えていた」のいずれかに該当する場合、そうでない場合と比べて、転職先で非正規雇用になる確率は三・九ポイント増加すると分析している。

また、同じ労働政策研究・研修機構の「若年者の離職状況と離職後のキャリア形成」(二〇一七年二月)では、「初めての正社員勤務先を離職した人」の一年後の状況を尋ねているが、男性で約三割、女性で約四割が非正規雇用となっている。療養・休養というケースも男女とも一割程度いて深刻だ。正社員としての勤務期間が短いほど、離職後に非正規で働く率が高まっていくと言える。

「土日に休むとは良い御身分ですね」——幸平さん(33)の場合

中年とされる三五歳を目前に、悩み苦しむ男性もいた。

北海道札幌市内に住む広田幸平さん(三三歳)は、「いっそ妻の扶養家族になるか、アルバイトのほうが良いかもしれない」と頭を抱えている。それというのも、現在の雇用が正社員なのかどうかも曖昧なうえ、年収が一二〇万円程度しかないからだ。

一般に「三五歳転職限界説」があるといわれる。三五歳より若ければ、転職の望みは叶うというものだ。だが、そもそも求人の少ない地方ではそれすら困難な状況で、若くてもフリーター状態から脱せないのが現実だ。

幸平さんは都内の有名大学を卒業し、大手旅行会社に正社員として就職した。地方の支店に配属され、営業職として働き始めたが、劣悪な労働環境にさらされた。幸平さんら新人は土日が休みとされていたが、社内に休める雰囲気はない。土日に休んでいると、先輩から「今日は会社に来ないのですか。良い御身分ですね」というメールが送られてくるため、皆がサービス出勤をせざるを得なかった。効率よく仕事をするよりも、長時間会社にいることが評価される風土で、ブラック企業そのものだった。

そして、年次が上がるごとにノルマが厳しくなる。成績が伸び悩むと、上司に首根っこを掴まれ「こっちに来い」と引きずられ、毎日一～二時間も立たされたまま説教された。典型的なパワーハラスメントをする上司だった。

そのうち「体が壊れてほしい」「うつ病にならないか」と望むようになり、精神を病んでいく自分に気づいた。次第にやる気もなくなり、営業成績もかんばしくなくなり、また上司に叱責されるという完全な負のスパイラルに陥った。

入社してから四年目のある日、目の前が緑色に見えて倒れそうになった。「ああ、精神的なものが体にきているのかもしれない」と確信した。「もう、会社に行けない」と思って車に飛び乗り、失踪した。忍耐の限界にきていた。会社に休みたいという電話をすることもできず、携帯電話が鳴っても出る勇気がなくなっていた。

一週間ほど車中に寝泊まりし、コンビニで雑誌を立ち読みしながら、あてもなくさまよった。とりあえず一人暮らしのマンションに帰宅すると、パワハラ上司ではない別の上司が訪ねてきた。「生きているか心配になった」と、管理人から部屋のマスターキーを借りて入ってきた。その後、「もう会社に戻りたいと思えない」と退職した。

ワンマン社長に振り回される日々

幸平さんは、なかば「もういいや」という勢いで、学生時代からの恋人が住む北海道の部屋に転がり込んだ。あまりに精神的に疲弊していたため、量販店で時給八五〇円のアルバイトをしながらスポーツをして心の回復を図った。失業手当をもらっていたので、一日四~五時間労働で週三~四日だけ働いた。恋人がバリバリと働くかたわら、しばらくは家事をして主夫のような生活を送りながら、次の就職先を探した。

営業職だけはもうこりごりと思っていたが、営業職から事務職への転職は難しかった。

「いったん営業をすると、ずっと同じ道をいくしかない」と悟り、営業職ではあったが地元で中堅どころの印刷会社の正社員として採用が決まった。ノルマはきつくなく、ルート営業のため、ほぼルーティーンワークをこなせばいいような仕事で、社内の雰囲気も良かった。だが、肝心の給与は手取り二〇万円にボーナスが年二〇万～三〇万円程度。将来に大きな展望があるとも思えなかった。

恋人は安定した勤め先で、収入は年収五〇〇万円あるものの、転勤族だった。そして、幸平さんの勤め先にも全国転勤がある。結婚を考えていたため、「お互い転勤になったらどうしよう」と悩み始めた頃、知り合いから保険業界に誘われた。

知人の話によれば、大手損保会社で三年間は研修生として学ぶことができ、その間は社会保険の加入はもちろん、月収三〇万～五〇万円が保障される。研修期間が終わって独立すれば年収一〇〇〇万円以上も夢ではないという。「これはチャンスかもしれない」と転身を決め、研修生の間に恋人と結婚した。

研修三年目で、一人親方で営業している代理店の社長から「後継者を探している」と誘われ、社員になった。ところが、社会保険にきちんと加入されているが、雇用契約の全てが曖昧なまま。最初は月給が一〇万円しか支払われなかった。三か月ほど経つと「さすがに、来月から三万円増やそうかな」という社長の一言で、給与がわずかに上がった。

給与袋に現金と給与明細が入れられ手渡されるが、基本給一三万円から健康保険、厚生年金保険、雇用保険が引かれ、明細書に記載されている細かな端数は切り上げられて現金が入っているなど、極めていい加減だった。営業ノルマもなく、勤務時間も自由が利く代わり、成績が上がっても給与が上がるルールもなく、全てが社長の裁量で決まる。これではローンも組めない。生活費のほとんどが妻任せで、一人だったら暮らしてはいけない。

厳しすぎる地方の現実

ある日、前の会社の後輩が家を建てるからと保険の相談に来てくれた。

後輩の年収は四〇〇万円になっていたが、幸平さんは手取りで一二〇万円程度。「もしかすると、前の会社に居続けたほうが良かったかもしれない」とも思ったが、子どもが生まれたばかりだった幸平さんは「年収四〇〇万円あっても、全国転勤になるのであれば、自由の利く今の仕事で良かったかもしれない」と複雑な心境だ。

夫婦で、子どもは二人欲しいと願っている。妻もいつ転勤になるか分からない。三〇代半ばの転職で、妻の収入を超える安定した職業を地元で見つけるのは難しく、妻が転勤に

有効求人倍率の推移

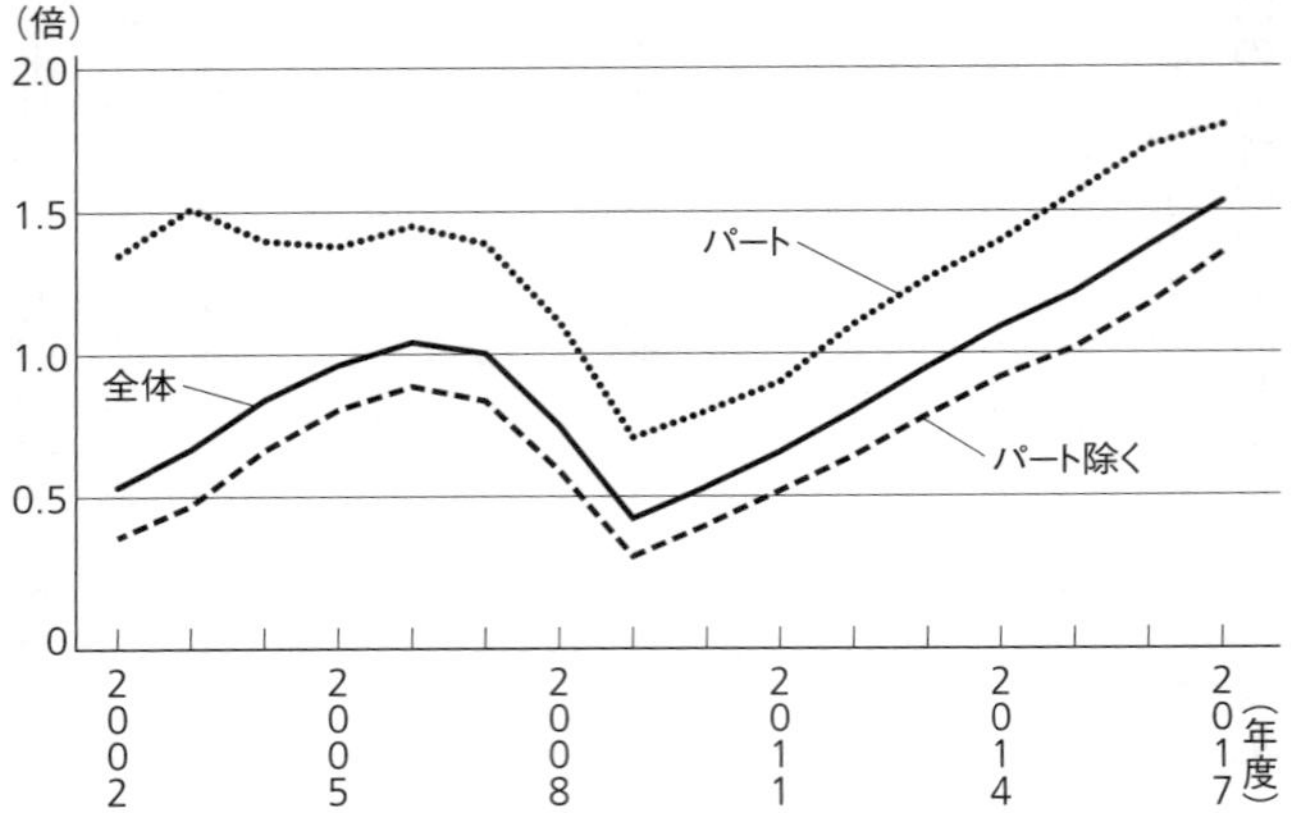

(出典：厚生労働省「一般職業紹介状況」)

なれば、幸平さんが融通の利く職業であるほうが良い。とはいえ、フルタイムで働いているうえ、稼ぎ時は土日となるため、家事や育児が妻に偏ってしまう。

幸平さんは、少しでも収入が増えればと副業を始めた。だが、「労働時間とその対価を考えたら、コンビニで働くか妻の扶養に入ったほうが良いのかもしれない」と頭を抱えていた。

近年、有効求人倍率は増加傾向にある。「一般職業紹介状況」(厚生労働省)から二〇一八年八月の有効求人倍率を見ると、新規学卒者を除きパートタイムを含んだもので一・六三倍となり、バブル崩壊直前の一九九〇年度の一・四三倍を上回る。リーマンショック後の二〇〇九年度が〇・四五倍だったことを考えれば、かなりの程度回復したといえる。

ただ、求人にはパートが多く含まれていることに留意したい。二〇一八年八月の新規求人倍率は二・三四倍と高いが、その内訳は、パートが三八万二七九八人で、パートを除いた数字は五八万一六四四人となっている。回復傾向にあるとはいえ、正社員有効求人倍率は一・一三倍に留まるのだ。

地方の現状はさらに厳しい。都道府県ごとの有効求人倍率（就業地別）を見ると、幸平さんの住む北海道は、全国でもワーストの一・二三倍。二〇一八年八月の北海道における正社員有効求人倍率は〇・八四倍で、全国値の一・一三倍を下回る。

正社員の求人が少ない地方で、安定した職を得ることは簡単ではない。中年フリーターおよびその予備軍となる若者も決して少なくない。

3　結婚できるのは正社員だけ？

定職を持たぬまま働き盛りに――恭介さん（45）の場合

「正社員にこだわりたかったが、あきらめた」

木下恭介さん（四五歳）は、四〇歳を目前にしてあきらめモードに陥ってしまった。恭介さんには、英語の塾講師として正社員で働いた経験がある。しかし、長時間労働によって二八歳で自律神経失調症となり、いったん塾講師を辞めた。一年後、「そろそろ社会復帰しないと仕事が完全にできなくなる」と、残業のない派遣社員で事務の仕事を再開した。

ちょうどその時期は就職が厳しく、「超就職氷河期」と言われ始めた頃だった。派遣で仕事に慣れてきて正社員の職を探しても、なかなか見つからない。やがて三〇歳となった恭介さんの転職は困難を極め、そのまま派遣社員として働き続けた。

ただ、いつかは正社員になりたいと思っていた。派遣契約には、途中でも契約を打ち切られる不安定さがあったからだ。

語学力を活かした仕事を探していたが、派遣のニーズはあっても、正社員の仕事が見つからない。正社員の職を探すと、営業など残業が避けられない職種が多かった。

希望を持てたのは恋人の存在だった。結婚するためと、正社員にこだわり、中小広告会社の営業職に就いた。そこでは、塾講師時代以上の激務が待っていた。きつい営業ノルマで毎日が終電帰り。年収三二〇万円で、残業代は出ない。ストレスから胃潰瘍になった。次第にうつ傾向になり、一年後に広告会社を辞めた。そんな恭介さんの様子に将来の不安を感じ、恋人は恭介さんの元を去った。

しばらく放心状態が続いた恭介さんだったが「三〇代前半の今ならまだやり直せる」と自身を奮い立たせ、派遣社員として働きながら正社員の職探しを続けた。いつか誰かとまた出会い、結婚したい。安定した職に就いていてなければ、女性側の理解は得られないと思っていた。

リーマンショック以降、男性には手堅い「安定」が求められる傾向が強くなった。たとえば、二〇一〇年に発表されたアクサ生命の調査（「オトナの女のリスク実態調査」）では、三〇～四〇歳前後の独身女性が結婚相手に求める条件を示している。

上位を見ると、一位「価値観」（六一・八%）、二位「金銭感覚」（二七%）、三位「雇用形態の安定」（二六・三％）の３Ｋとなっている。かつてバブル期には「高収入」「高学歴」「高身長」を３Ｋと呼んだが、これらはそれぞれ九位、一九位、二〇位とすっかり影をひそめた。女性の現実志向がうかがえる。

また、連合総研の「第二回　非正規労働者の働き方・意識に関する実態調査」（二〇一六年）によれば、非正規労働者の男性の八九・六％が未婚で、年収が低いほど未婚率が高いことが分かっている。たとえば、年収一〇〇万～二〇〇万円未満では九三・〇％、二〇〇万～三〇〇万円未満では八九・一％と未婚率が高いが、三〇〇万～四〇〇万円未満では七二・五％にまで低下する。

雇用の安定を求める恭介さんだったが、事務職は非正規雇用化しており、正社員の営業職は労働時間が長い。恭介さんは長く続けられる職種に就けるよう、職業訓練を受けようかとも考えたが、経理などはやはり非正規化している。かといって、正社員雇用の可能性が高いシステムエンジニアなどの分野は長時間労働を余儀なくされる。

「これでは八方塞がりだ」と、頭を抱えた。それでも求人を見つけては採用試験に足を運んだが、スキルを問われ不採用となる。非正規雇用でいた期間の長さが、不利になっていた。中年フリーターの問題が根深い所以《ゆえん》だ。

恭介さんのもとには、次第に正社員登用の可能性がありそうな条件の良い派遣先が回ってこなくなった。先の見えない状況に、恭介さんは正社員をあきらめるどころか、無職になる覚悟をも固め始めたのだった。

婚活ブームとは無縁の日々――拓也さん(43)の場合

「雇用が不安定なまま、四〇代になりたくなかった。このままでは、結婚はおろか老後だっておぼつかない」

序章の冒頭でも紹介した、松本拓也さん（四三歳）の気持ちは焦る。仕事があれば、地域を選り好みすることもなく、地方の工場や小売店などで住み込みをしながら働いた。いつかは結婚して家庭を作りたいと願っていたが、一定の収入がなければ「婚活ブーム」に乗ることもできない。

拓也さんは、飲食関係の専門学校を卒業したが、不況で就職先が見つからなかったため、レストランなどでアルバイトとして働いた。いったんは関西地方で酒の量販店の正社員になったが、すぐに会社の業績が悪化し社員はリストラされた。翌年、拓也さんもリストラの波に飲み込まれた。ここから、拓也さんにとって雇用の負のスパイラルが始まった。「即日解雇」を言い渡され、会社が借り上げていたアパートの立ち退きまで強要された。仕事と同時に住居を失ったのだ。

貯金もなく、引っ越し費用や敷金・礼金を友人から借金した。生活費もままならず、クレジットカードのキャッシングに手をつけ、消費者金融からも借り入れ、借金は最終的に三〇〇万円に膨らんだ。

拓也さんは仕事と住居を同時に失う恐怖を、嫌というほど味わった。

「消費者金融から借金もできない人間はアパートも借りられない」

東京都の「住居喪失不安定就労者等の実態に関する調査報告書」（二〇一八年）によれば、二四時間営業のインターネットカフェや漫画喫茶などを「オールナイト利用」している住居喪失者は、一日あたり都内で約四〇〇〇人いるとしており、そのうち住居を喪失している不安定就労者（派遣、契約、パート・アルバイト）は約三〇〇〇人と推計している。これは、「ネットカフェ難民」が取りざたされたリーマンショック前後の状況に匹敵する数字だ。年齢別に見ると、三〇～三九歳が最も多い三八・五％で、次いで四〇～四九歳が一九・七％となる。労働形態別にみても、中年層の三〇～三九歳で不安定就労が三八％を占めている。拓也さんも、そうした一人になりかけた。

再就職先はなかなか見つからなかった。アルバイトをしたところで家賃も払えない。住み込みで工場での請負労働を始めることにした。

滋賀県に移り住み、近隣の大手電気メーカーや自動車メーカーの生産現場で、組み立てなどの仕事を始めた。だが、それも業務が縮小されると、契約が途中にもかかわらずクビを切られてしまった。生産が調整されると、同時に雇用も調整されるシビアな現実。業務の効率化とコスト削減が最優先課題とされ、そこで働く人たちの主たる生計が景気悪化で瞬時に揺らいでしまう。

以前から日雇い労働や出稼ぎ労働など不安定な雇用は存在した。しかし、近年の不安定さは、企業が期間工やアルバイトとして直接雇用するのではなく、請負会社や派遣会社を通して雇う仕組みが責任の所在を曖昧にさせ、よりドライなリストラを加速させている。

拓也さんはまたも就職先を探すことになったが、自動車運転免許がなく、地方で求職活動するには限界があった。求人の多い営業や介護の職を探しても、移動に車が必要であきらめざるを得なかった。

免許を取ろうにも、教習所に通う資金がない。ハローワークに行っても、応募の条件には自動車免許があることが前提だった。

そのうち、職探しのプレッシャーに押しつぶされそうになった。気が紛《まぎ》れるかと思い、自治体に設置された結婚相談所にふらりと立ち寄ってみたこともある。しかし、案の定、門前払いされた。

年配の相談員から「まずは仕事を見つけなければ。農家に婿《むこ》に行く気があれば、まだ道はある」と言われた。街には結婚情報サービスの宣伝があふれているが、「失業中の男や低収入の男には関係のない話」と痛感した。

いわゆる「負け組」になったことを思い知らされた瞬間だった。中年フリーターには結婚すらも許されないのだろうか。

見えない将来の展望

拓也さんは、工場で期間工やアルバイトをしながら粘って職探しを続けた。すると、幸運にも就職が決まった。序章でも触れた東海地方にある酒の量販店で、契約社員からのスタート。月給は三〇万円。月七〇時間のみなし残業が含まれていたが、三三歳になって初めて年齢相応の給与を得られる実感がした。

静岡県内の店舗に配属され、会社がアパートを借り上げてくれた。拓也さんは契約社員ながら、副店長として働き始めた。店長だけが正社員で、契約社員が二〜三人、残りはアルバイトという社員構成だ。アルバイト以外は、平均しても月八三時間の残業を余儀なくされた。年末年始の残業は月一三〇時間にも上った。

しかし、超過分の残業代は支払われない。拓也さんは「これでは過労死するのではないか」と、小売業で四〇〜五〇代になっても続けられる仕事か、疑問を抱き始めた。

周囲の従業員は次々に辞めていく。厚生労働省の「雇用動向調査」（二〇一七年）から離職の動向を見ると、最も離職率が高いのは宿泊・飲食サービス業の三〇・〇％で、拓也さんが勤めた卸売・小売業も一四・五％と低くない。人が辞めるぶん、仕事に就くチャンスはあるが、それだけ厳しい職種ということになる。

さらに、デフレ経済の中で小売店が乱立しており、価格競争に巻き込まれている量販店の生き残りは厳しい。拓也さんの会社でも店舗が統廃合され、やがて東京に異動することとなった。相変わらずサービス残業が続き、拓也さんが「過労死寸前まで働いて、せめて労働の対価はきちんと得たい」と、未払い分賃金について支払いを求めると、ほどなく契約を打ち切られた。

とにかく食いつなぐために、拓也さんは配送センターや食品工場で夜勤の日雇いアルバイトに打ち込んだ。そして、こう悟った。

「焦って仕事を探しても正社員にはなれない。このままでは、いつまで経っても恋人すらできないで四〇代、五〇代になってしまう」

飲食店や小売店は、求人はあるものの賃金が安い。また、非正規が多く、事態は好転しない。国税庁の「民間給与実態統計調査」によれば、「卸売・小売業」の平均給与（賞与含む）は三六四万円、最も多い給与分布は一〇〇万〜二〇〇万円以下で全体の一九・五％を占める（二〇一六年）。

拓也さんは、失業と隣り合わせで働くという負のスパイラルから脱却するため、いったんリセットする覚悟を決めた。生活費を切り詰めるために、家賃四万円の公営住宅に引っ越した。月一五万円の失業給付を受けながら、正社員として就職できるよう、職業訓練校に通い出し、パソコンスキルなどの習得に励むことにしたのだった。

そもそも企業は、長く非正社員が続いた人材を中途採用などで正社員採用するかといえば消極的だ。さらに、拓也さんのようにコスト削減効果や利益構造に限界のある小売りなど、業界内での転職や賃金アップ、正社員への転換がそう簡単ではないケースでは、業種や職種転換を図らなければ、不安定雇用から脱せない現実がある。

企業の中で起こった「非正規使い捨て」や「名ばかり正社員化」は、若手労働力を成長させるチャンスを奪ってきた。組織の中で揉まれない限り、企業が望むスキルは身につかないことが多い。

企業側には、どうしても「一緒に仕事をしてみて、能力を見極めたい」という志向が根強い。また、間接雇用の導入は、人材ビジネス会社に事実上、人事採用のアウトソーシングをしていることになり、個々の企業内で人材を見極める目がなくなりつつある。

そうしたことから、非正社員が正社員に転換するのは、同じ企業内であることが多く、職場から分断されたところで職業訓練を受けても、安定した雇用に結びつきにくいという問題が残る。非正社員がそこから這い上がるには、働きながら職業訓練できるトライアル雇用のような仕組みの拡充が必要なのではないだろうか。

そして、企業に人材育成の余力がない今、行政が企業をバックアップする形でセーフティネットを構築しなければならない。

4 「法令順守」が生んだ非正規

非正規シングルマザー——由夏さん(40)の場合

シングルマザーの由夏さん(四〇歳)は、派遣社員として働くことに限界を感じている。

「いつ切られてもおかしくないと分かっていながら頑張るのはつらい」

まだ子どもが小さいうちに夫と離婚した。結婚を機に専業主婦になったため、仕事にはブランクがある。派遣社員として働きながら、人生の再スタートを図ることにした。

ある時、都内の卸売会社に派遣された。仕事は商品発注などのデータ入力だ。契約書では「OAインストラクション関係」という派遣の専門二六業務のひとつとされた。二か月ごとの契約更新で、時給一三〇〇円。平均的な月収は二二万～二三万円だが、そこから交通費が出ていき、休日が多いとそのぶん給与は減ってしまう。

派遣先は正社員の離職が激しく、その穴埋めに派遣社員を雇っていたようだ。だが、業務縮小などがあると、派遣社員はあっさり契約を打ち切られた。

「いつクビになるか分からないんです。『私がいなかったら困る』と思われるくらい頑張るしかない」

一年もすると業務量が増え、顧客からの商品の問い合わせにも応じるようになり、取引先や社内の営業部への確認作業が増えていった。由夏さんは、昼休みをとる時間もなく働いた。派遣先の上司と時給交渉をすると七〇円上がったが、その後、上司は「ハケンがでしゃばるな」と態度を翻した。由夏さんは、契約更新のたびに「契約を切られるのではないか」と不安だった。だが、二年も経つと新入社員や新しい派遣社員の教育係になり、職場では「必要とされる存在」となった。

最終的には時給は一四七五円まで上がった。とはいえ、決して高待遇とはいえない。なにより正社員との賃金格差が割に合わないと思った。また、由夏さんが「一年更新の契約社員にしてほしい」と打診しても、上司は言葉を濁すばかりだった。

「これではモチベーションが上がらない」

由夏さんは、どんな小さな会社でもいいから正社員として安定して働きたいと考え、三年半で卸売会社の派遣を辞め、正社員の職を探した。

二〇〇四年、改正労働者派遣法が施行され、いわゆる「三年ルール」ができた。厚生労働省が政令で定める、ソフトウェア開発やＯＡインストラクション、調査分析など専門的な二六業務以外は、労働者派遣の期間制限を三年と定めたのだ。三年経過して以降も派遣労働者を雇い続ける場合、正社員や契約社員などの形で直接雇用を申し入れる義務がある。

だが、その実はどうなったか。企業は「法令順守」の名のもとに、直接雇用するのではなく、三年経った派遣社員の契約をばっさり打ち切るようになった。労働基準法は「雇い止めの三〇日以上前に予告する」と規定しているため、二年一一か月というギリギリのところで、派遣契約の打ち切りが行われた。

さらに、二〇一五年九月の改正労働者派遣法施行で、例外だった専門二六業務についても三年の上限が定められ、働く側に「三年経てばクビ」の恐れが生じるようになった。反面、企業にとっては、人さえ入れ替われば、派遣労働者を使い続けることができる。

由夏さんはニュースで労働者派遣法の改正を知り、憤りを覚えた。

「私の場合も契約上は専門二六業務だった。あのまま働いていてもクビになったのだろう。誰の利益のための改正でしょうか」

厚生労働省「労働者派遣事業報告書の集計結果」によれば、二〇一六年度は一年以上同じ派遣先で働く派遣労働者全体一〇二万人のうち、「三年ルール」の対象者が三万五八八一人いたという。このうち、直接雇用されたのはわずか一八二四人。直接雇用がいかに狭き門かが分かる。直接雇用がなければ新たな派遣先を紹介されることが多いが、派遣契約の期間は「二か月超三か月以下」が最も多く二六・四％だが、それに次いで「一日以下」が二五・四％もあり、きわめて不安定だ。そのうえ、平均賃金は一日一人八時間で一万二六二四円で、ここに交通費も含まれるため、決して高い水準とは言えない。

百害あって一利なしの「三年ルール」

今になって考えると、二〇〇四年は雇用環境が激変するターニングポイントだった。非正規雇用者はこの年から目に見えて弱体化していった。

その端緒が、先にも言及した「三年ルール」だ。三年を経過した派遣社員が同じ職場で働き続けるためには、正社員などの直接雇用をすべきと定めた改正法は、非正規雇用を減らす策に見えなくもない。

だが、企業にとって人件費の削減は絶対だ。そのため、どんな理由であっても派遣社員の正社員化は望ましくない。そこで、正社員化を避けようとする企業は「法令遵守」という名目のもと、こぞって派遣切りを行った。その代表格が味の素やキヤノンだった。両社の派遣社員たちは、個人加盟できる労働組合に相談して、会社と闘う道を選んだ。

また、「三年ルール」は労働者派遣法だけでなく、改正労働基準法にも盛り込まれた。その結果、非正規雇用の上限も三年になったため、「三年経ったらポイ捨て」という現象が起こった。いずれのケースにおいても、短期間のうちに職場を転々とせざるを得ず、やっと職場や仕事に慣れたと思ったら、次の新しい環境に行かなければならない。

このことが持つ意味は重い。というのも、派遣や非正規で働く労働者は技能の蓄積が難しくなったからだ。正社員と非正社員で格差が拡大していく心配、非正規になると非正規で固定化されていく心配は、もはや現実のものになったといえる。

企業が派遣を好む理由のひとつに、「正社員は解雇しにくい」という事実がある。企業側にとってみれば、派遣は法令に準じて三年で「解雇」することができ、安価で「お試し」できるメリットもある。

筆者が出会った取材対象者のなかには、食品会社で原材料の輸入業務を行う一〇年選手の派遣社員がいた。毎日のように市況を確認して、輸入先を決めるという重要なポストに就いていた。ところが、「三年ルール」が導入されると、あっさりクビを宣告されてしまったという。食品会社の言い分は次のようなものだった。

「もし一人でも正社員にしてしまえば、他の派遣社員も正社員にしなくてはならない。それはできない」

二〇〇四年に運命は決まっていた

なぜこんな解雇規制がまかり通ってしまったのだろうか。

誤解を恐れずに言えば、「中年フリーター」の悲劇が生じることは、二〇〇四年の時点で運命付けられていた。同年は、前述した悪名高い「三年ルール」ができたばかりか、製造業務への派遣が解禁され（派遣期間は一年）、専門業務の派遣期間が無期限に改正された年だった。これにより、派遣社員は完全に「正社員の代替」と位置付けられたように思われる。

派遣社員は、必要に応じて生産調整とともに増員（減員）ができる。いわば、雇用の調整弁として派遣社員が期待されていた。正社員はもちろん、非正規の請負社員でもそうはいかない。当時苦しんでいた製造業にとって、派遣解禁は極めて都合が良かった。

また、同時期には「専ら派遣」も横行した。専ら派遣とは、企業がグループ会社内に派遣会社を作り、そこで採用した派遣社員をグループ内企業に派遣することを指す。グループ内への派遣は二〇一二年一〇月から八割以下に制限されている。特定の相手に対する派遣事業については、派遣法第四八条第二項で勧告の対象とされているのだが、求人広告等において「○○会社で働けます」という謳い文句があらゆる業種で確認できる。

かつて筆者が知り合った地方テレビ局の経営者は、次のように明かしていた。

「アナウンサーは二〇代のうちが旬。若い女性を入れ替えたほうが視聴率はいいんです。だから、子会社に派遣会社を作ってそこでアナウンサーを雇い、一定の期間が経ったら辞めてもらう」

少しの罪悪感もにじませない言葉の数々に、筆者はただ呆《あき》れるしかなかった。

消費増税に向けてなのだろうか、昨今は景気回復をにおわす数値が次々と聞こえるようになった。総務省によれば、二〇一七年の完全失業率は二・八%で、二〇一〇年には五・一%もあったことを考えると、隔世の感がある。二〇一八年に入っても、八月の月次数値(速報値)は二・四%と改善傾向にある。だが、非正規雇用者が増え続ける構造は変わっていない。二〇一七年は再び過去最高を更新し、非正規が二〇三六万人となった。

正社員の数も増えているが、安心はできない。安倍政権は「働き方改革」を推し進め、その目玉政策として「高度プロフェッショナル制度(高プロ)」を創設し、二〇一八年七月に関連法が公布された。

高プロとは、高収入の専門職を時間外労働の規制から外す制度だ。年収一〇七五万円以

正規雇用と非正規雇用労働者の推移

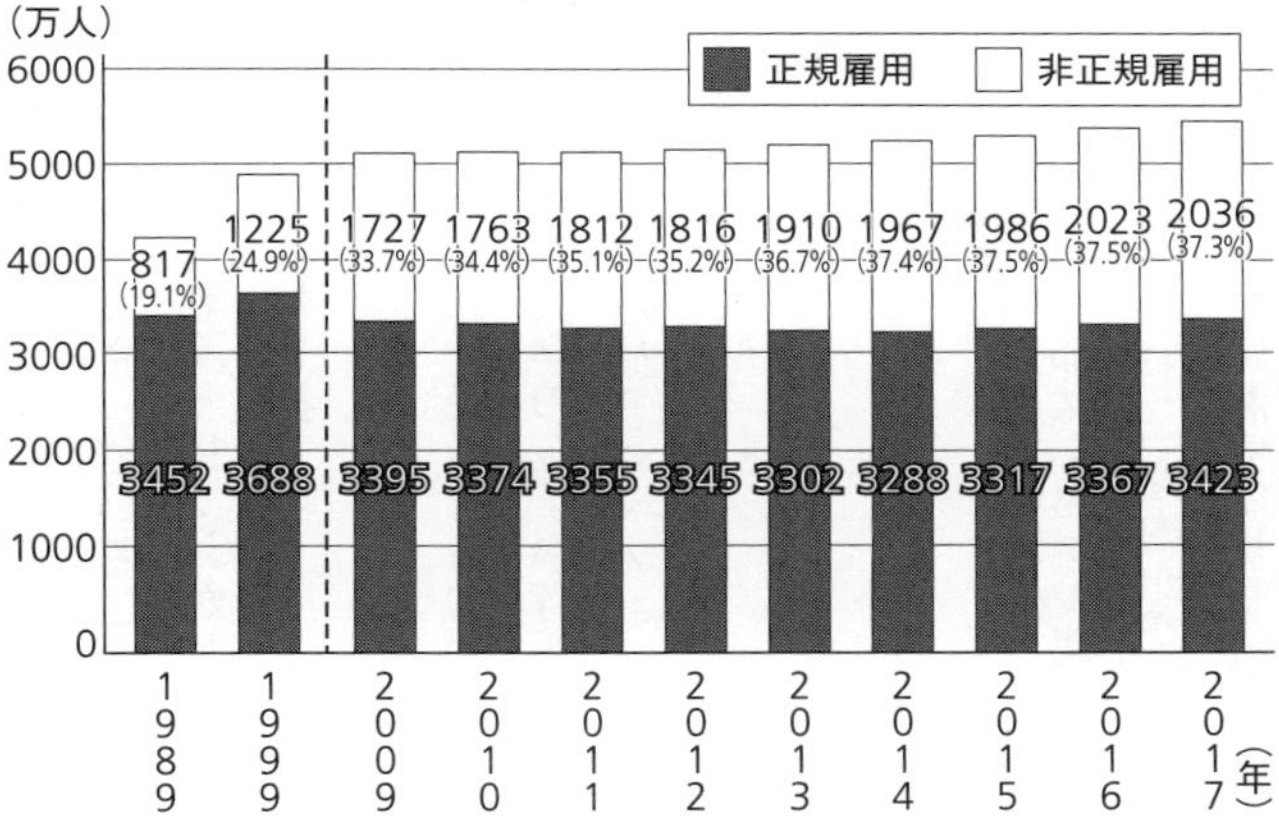

（出典：総務省「労働力調査」）

上の経営コンサルタントや金融ディーラーなどが想定されているが、この制度は、かつて批判を受けた「ホワイトカラーエグゼンプション」「残業ゼロ法案」が名前を変えただけのものだ。と同時に、「働き方改革」の一環として、時間外労働の上限規制が大幅に緩和された。月四五時間・年三六〇時間を原則とするが、臨時的に特別な事情があれば、年七二〇時間、単月で一〇〇時間未満（休日労働含む）、複数月平均八〇時間（休日労働含む）が上限とされた。過労死ラインの残業は月八〇時間とされ、大きな波紋を呼んでいる。

　こうした時間外労働撤廃に向けた動きについて、東京新聞（二〇一八年六月二一日）

は規制改革派で知られる竹中平蔵氏のインタビューを掲載した。竹中氏は、知識集約型産業のウエイトが高まっていることを理由にしつつ、「生産性の低い人に残業代という補助金を出すのも一般論としておかしい」と言及している。

労働界の猛反対を押し切ってまで、なぜ与党は強行採決に加担したのか。高プロの背後には、経済界の「もうきちんと賃金を払うだけの成長を見込めない」という本音があるのではないか。それを象徴するのが、カジノを含む総合型リゾート実施法案だろう。同法案について、立教大学の金子勝特任教授は「めちゃめちゃ働かせて、ギャンブルで観光客を集めるしかないのが、アベノミクスの現状」(東京新聞、同年六月一五日)という安倍政権の窮状を指摘している。

正社員といえども、雇用が不安定になりかねない状況だ。アベノミクスが真に持続的な景気回復をもたらすのならば、こうした雇用政策は無用なはずだ。ここに、財界との駆け引きが垣間見える。

ある経団連の幹部は「バブル期に大定量採用した社員、うつ病社員のクビを切りたいのだが、法的に難しい」「国内が空洞化するなかで雇用調整できる環境は必須」と明かしていた。解雇ルールに関する規制緩和は、経済界の悲願ともいえる。

また、日本企業の九九%を占める中小企業において、正社員の賃金をしっかりと上げていくことの重要性は年々高まっている。だが、現実にはそうはなっていない。

東京都産業労働局「中小企業の賃金事情」(二〇一七年版)によれば、賃金表がある企業は四三・七%に留まっている。賃金表の有無は労働組合の有無と大きな関係があり、労組がある企業では六七・六%に及ぶのに対し、労働組合がない企業では四一・〇%と低い。定期昇給についても、労組のある企業ほど実施率が高い。労働組合の組織率は下がっているが、その重要性は少しも薄れていないといえる。

「安定した経済」と「安定した雇用」は表裏一体の関係にあるはずだ。後者の実現を目指す構造改革が必要なのではないだろうか。

5　農業のブラックな職場

食えない、休めない、希望もない──祐樹さん(42)の場合

首都圏出身の小玉祐樹さん(四二歳)は、フリーターから農業へと一念発起した行動力

の持ち主だ。しかし、前途は多難だ。

三〇歳を過ぎた頃から機会を見つけては農業研修に参加しながら、農業の経験を積み重ねた。周囲に田畑しかないような地域での農業も体験した。三〇代半ばで農業大学校に入学。農業大学校は全国で四七校あり、授業料は年間でも十数万円。他の経費を含めても三〇万円程度と負担が軽く、祐樹さんは入学を決めた。寮生活を送りながら一年制課程のコースで学んだ。

卒業後、ハローワークに通い首都圏での職を探した。最初はイタリアンレストラン向けの野菜を作る農家で働き始めた。月給は二〇万円。「正式なスタッフ」とされたが、社会保険は未加入だった。朝六時頃から夜九時頃まで働いた。一日一五時間労働という日々が続くが、そこに「残業代」という概念はない。出荷が三六五日切れ目なく続き、日曜日も交代で勤務した。休暇は月三日程度しかとれず、正月も元日しか休めなかった。

遊びに行く暇もなければ、自分で好きな農作物を作る余裕も全くない。「これでは、何のために働いているか分からない」。次第にそんなジレンマを抱き始め、一年あまりで転職を決めた。

祐樹さんは、「自分は、職業農業人になりたい。いつか自営で農業ができるようになった時、物流などで有利な首都圏を離れないほうがいいのではないか」と考え、再び職探しを始めた。人手不足の農業分野といえども、「正社員」の求人や首都圏での募集はイメージするような引く手あまたというわけではなかった。

神奈川県で見つけた仕事は、アルバイトだと時給六五〇円からのスタート。経験のある祐樹さんは時給八〇〇円で雇われたが、ほぼ家族経営の職場ではパワーハラスメントが横行していた。ボーナスも社長の気分次第で、出るか出ないかが決まる。ここも数か月で辞めた。

その後、何度もハローワークに足を運ぶと、いつも同じような法人や農家の求人があることに気がついた。前の職場もまた求人が出ている。「いつも求人の出ているところは、何かしら経営者に問題がある」と悟った。

そのうち、茨城県の農業法人に仕事が決まった。社長とその妻など家族三人のほか、スタッフが六人。うち三人は外国人研修生だった。

冬場はキャベツや白菜など露地野菜を中心に作っている。フルタイムの仕事だが、社会保険はない。時給制で時給一〇〇〇円。月一八万〜二〇万円になるが、雨がひどい日は休みとなるため、その分の賃金は出ない。

朝七時三〇分頃から夕方暗くなるまでが勤務時間だ。一日に一〇〇〇〜二〇〇〇ケースは出荷する。祐樹さんは以前も大型農家でキャベツやレタスなどの収穫・出荷の経験があったが「その時はもっと多い人数で一日二五〇ケースの出荷だった」と作業内容の厳しさを感じた。

繁忙期に臨時でアルバイトを雇っても、あまりの激務で一日と持たずに出勤しなくなる人が多いという。祐樹さん自身、働きすぎで腕が上がらなくなったり腰痛になったりもするが、それでも「前の会社に比べ、今度は勤務と勤務の間が一二時間は空いているし、日曜日は必ず休めるからいい」と言う。

そうした激務について、農業を本格的に目指す以上は覚悟のうえだった祐樹さんだが、労働条件面で疑問を感じ始めた。祐樹さんは賃金の額面に不満を感じていたわけではない。ただ、入社当初は、家賃補助が家賃の半分（二万三〇〇〇円）は支給されていたのに、ある月、何の前触れもなく二万円に減額されていた。社長に尋ねると「あ、今月から二万円になったから」と軽い一言。

祐樹さんは「これでは信用して長く勤められない」と不安が募り、次の職探しを始めた。

労働基準法なき世界――康弘さん(43)の場合

栃木県で独立した農業を目指す平林康弘さん（四三歳）も、「農業だけで食べていくのは難しい」と痛感した一人だ。

康弘さんは就職氷河期の煽りを受けてフリーター生活を余儀なくされていたが、それにピリオドを打ち、祐樹さんと同様、農業で身を立てようと決意した。

農業研修などを通して、一通りの農作物を育てる技術を身につけ、農家や地方での人づきあいにも自然に溶け込めるようになった。ただ、就職先を探そうにも、「社会保険にきちんと加入しているような農業法人は滅多にない。農業法人に就職できても、同族経営で労働基準法なんてまるで無視の世界」と感じていた。

農業を自力で始めることは甘くはないと分かったうえで「次は、地域に根付いて自営で農業をやってみよう」と決意。康弘さんは、関東や東北地方を回って「終の棲家」となる地域を探した。栃木県を選び、貯金をはたいて家を六〇〇万円で購入した。中古の一軒家だ。購入時は無職だったため、ローンは組めず、現金で支払った。

「地域で顔つなぎができ、信頼を得れば、高齢の農家から畑は借りることができる」

康弘さんは、近くのリゾートホテルでアルバイトをしながら生計を立てることにした。

一日八時間働いて、月給は一五万～一六万円、繁忙期は月二三万円の収入となる。「最初から一〇〇%農業で生計は立てられない。農業以外の仕事もするというスタンスでいないと難しい」と話す。

新規就農では、まず賃金の安さや土地や機械類の初期費用の高さなどがハードルとなっている。求人があっても月給一六万円前後ということが多く、いわゆる正社員という雇用形態も決して多くはない。

農業の盛んな自治体でも状況は同じだ。かつて、市町村別農業産出額で全国有数の数字を誇る自治体の市議会議員に話を聞いたが、「派遣会社もマージンをとれないために参入しないほど、農業で食べるのは難しい」と話していた。国や自治体でも対策を講じようとするが、単年度予算で考えるために機能しづらいのだという。

農林水産省によれば、二〇一八年の農業就業人口は一七五万三〇〇〇人（概数値）だ。二〇一〇年の二六〇万六〇〇〇人と比べ、およそ八五万人も減少している。二〇一七年の新規就農者数は五万五七〇〇人だが、一年連続でキープしていた六万人を割り込んでいる。当然、全体の減少幅を補うには及んでいない。

たとえば、製造業やサービス業から転職する就農希望者がいたとしよう。だが、農業そのものとのミスマッチが生じるケース、教える側の農家にも余裕がないケースが少なくない。繁忙期になれば、深夜二～三時に起床しての収穫作業もある。暴風雨や台風が来れば作物に被害が出るなど、農業の厳しさに直面して脱落する者もいる。

農業を続けようという意思があっても、職場でのトラブルや農業分野のミスマッチもあり、定着するのは簡単ではなく課題は多い。

6 「非正規公務員」の憂鬱

故郷で就職したけれど——健一さん(37)の場合

介護職の吉田健一さん（三七歳）は、関西地方の自治体病院で臨時職員として働いている。六〇歳まで働くことができる。とはいえ、「なぜ非正規のままなのか」と釈然としない思いを抱える。

健一さんは田園風景が広がる農村部で生まれ育ち、農業高校を卒業してから都市部に出て一般企業に就職した。地元には「長男は実家に帰れ」という慣習があり、二五歳で退職して故郷に戻った。ところが、実家の辺りでは農業以外の就職先が、市役所、病院、福祉施設くらいしかない。民間企業の求人は数少なく、あったとしても営業職がほとんどだ。友人らの状況を見ると、正社員とはいっても名ばかりで、給与が低いうえに残業ばかり。週六日勤務が当たり前という状態だ。

健一さんは、自治体が発行する広報紙で、自治体病院が介護職の臨時職員を募集する案内を見つけた。もともと中学の頃、周囲から介護職が向いていると言われていたが、天邪鬼になって、行きたいと思っていた分野と違う農業高校に進学してしまった。再就職では介護職に就いてみようと考え、自治体病院で働きながら介護福祉士の資格を取得した。

健一さんは、回復期リハビリ病棟に配属された。看護師と一緒に担当患者のオムツ交換や食事介助にあたる。入浴介助やベッドサイドの環境整備も介護職の仕事だ。医師が少ないため、点滴の針の抜き差しは全て看護師が担っている。

回復期リハビリ病棟は、本来、病状が安定してリハビリに向かう患者をみる病棟のはずだった。だが、チューブを胃に通して液体で栄養をとるため、胃ろうを作った患者が多くなる。だんだんと病状の重い患者が増えてきたため、五〇床ある病棟のベッドの稼働数を四〇床に抑えたが、それでもスタッフが足りない。

日勤の体制は、看護師四人と介護士一人。患者が入院してくるとスタッフが一人つく。脳梗塞を起こして他の病院で治療し、症状が落ち着いた患者がドクターヘリで運ばれてきたことがあった。転院して、いざリハビリを開始しようとしても悪化してしまい、もといた病院にトンボ返りの患者もいる。急変も多い。胸が痛いと訴えていた患者が、夜勤で仮眠している間に亡くなっていたこともあった。転倒予防のセンサーが鳴って駆けつけても、すでにベッドから落ちてしまっているから、気が気でない。

思うように動けない患者が、自分で動作できるように見守りが必要だと分かっていても、早く業務を終わらせたいと思うと、待っていられない。手を出してしまったほうが早く、健一さんは「ある意味、手抜きだ」というジレンマを抱える。

本業以外の会議も多い。今、いかに仕事を回すか。介護というよりは、何時までに何をする、という作業のタイムテーブル重視となってしまう。二人ですべき体位変換も人手不足で一人でするしかない。腰に無理が生じ、腰を痛めないような姿勢をとると、膝を痛める。慢性的に首にも疲れが出てくる。

「この先、何年も介護の仕事をやっていけるか」

そんな不安が襲う。人員増は切実な願いだ。

介護職という激務

労働条件も、民間企業よりは良いとはいえ、決して満足いくものではない。入職した当時は、基本給が一四万〜一五万円で、毎年三〇〇〇円のベースアップ。一時金や退職金の制度もあった。のちに賃金体系が変わると、臨時・非常勤の基本給はスタートが一七万円となった代わりに昇給がなくなり、一時金も退職金もなくなった。結局、トータルの年収は変わらない。募集の際に、みかけの賃金が高く見えるようにするための変更だったに過ぎず、何年働いても労働条件は良くならない。

働き始めてから一〇年以上が経過しても、基本給は一七万円に留まっていた。健一さんは「夜勤で稼ぐしかない。体力のあるうちはできるだけ夜勤に入りたい」と、なるべく夜勤のシフトに入る。夜勤は二交代制で、一六時三〇分から翌朝九時まで。夜勤手当と残業代を入れても、月給は二三万円程度で、手取りは一七万円ほどだ。

臨時・非常勤職員は、待遇で正職員と差がつくことが多い。忌引きと産前産後休業以外は、不利な条件だ。交通費は車通勤のため自宅からの距離で計算されるが、四〜六キロメートルだと正社員は五九〇〇円だが、臨時・非常勤だと四〇〇〇円だった。二〇キロメートル以上だとそれぞれ二万一七〇〇円と一万二〇〇〇円となる。共済は正職員が加入できるが、非正規は加入できない。

正職員であっても、介護職や看護師は続々と辞めていく。それだけ仕事がきついということだ。健一さんは、介護の仕事ならばどこでも転職できると考えていた。しかし、介護福祉士の資格をとり、看護師の女性と職場結婚し、子どもが生まれてからは意識が変わった。

「腰を据えな、あかんな。この仕事はやりがいがある。体を痛めない限りは同じ職場で続けたい」

病院側からは、「雇い止めはない」と口頭で言われており、希望すれば少なくとも六〇歳まで働けることになっている。実際、六〇歳を過ぎても働き続けている非正規の介護士や栄養士がいる。

正職員になるには、一般公募の試験を受けることになるが、学生と同じように一般教養の試験も受けなければならず、夜勤もこなして、子育てしながらの勉強は無理がある。以前は三〇歳までの年齢制限があったが、最近では四五歳までに引き上げられた。

かといって、募集人数は若干名。四人程度の狭き門だ。たとえ合格して正職員になったとしても、臨時職員時代のキャリアは前歴に換算されず、賃金は一年目からのスタートとなる。人手不足の介護職が大事にされない理不尽さを感じている。

延々と続く非正規雇用

「なぜ、正職員と同じ仕事をしているのに、賃金はそれよりも低く、六〇歳まで非正規のままなのか」

この大きな矛盾は、実は法改正が後押ししている。

二〇一三年四月一日から施行された改正労働契約法によれば、パート・アルバイト、派遣社員、契約社員などの呼称にかかわらず、一年契約や六か月契約などの有期労働契約について、同一の使用者との間で通算五年を超えて契約が反復更新された場合、働く側からの申し出があれば、「無期労働契約」に転換する。

この法改正には二つの側面がある。第一に、三年や五年を上限に雇い止めに遭うことが多かった有期契約の労働者が、突然職を失わなくなるという一面だ。しかしその反面、正社員に転換されず、ずっと非正規のままとなる問題が隣り合わせとなっている。二〇一八年四月には、法律の名の下で、ずっと非正規という大量の「無期雇用」が誕生することになってしまった。

健一さんも、そうした「無期臨時職員」の一人だ。雇用が続くだけいいかもしれないが、正職員との格差がついたままで、決して報われない。

妻は正職員の看護師のため、稼ぎ頭となっているが、健一さん以上の過密労働を強いられている。夜勤明けの場合、介護職は定時で帰宅できるが、看護師は看護記録など書類作成の業務があるため、昼近くまで残業ということもザラだ。妻も夜勤に入るため、月に二〜三回はどうしても夜勤が重なってしまう。子どもが七歳と二歳で小さく、親と同居して面倒を見てもらいながら、お互いの夜勤をこなしている。

妻は過重労働から「辞めたい」が口癖となっている。家計のために耐えているが、いつ離職してもおかしくない状況だ。妻もまた中年フリーターになるか、あるいは無職になるかの瀬戸際に立たされている。

女性の代表的な職業である看護師でさえ、そして雇用が安定しているといわれる自治体病院の正職員でさえも、人手不足から生じる長時間過密労働が原因となって、労働市場から退場を余儀なくされるケースは少なくない。ましてや、小さな子どもを育てている時期は、仕事との両立が困難だ。夜勤は、子育て中の女性の就業継続を妨げる大きなネックでもある。

そして看護師に限らず、妊娠すると解雇されたり、冷遇されたりする「マタニティハラスメント（マタハラ）」が横行し、四人に一人がマタハラに遭っている状況だ。女性の中年フリーターの存在は、結婚していることで問題が見えにくくなっているが、より個々の努力ではどうしようもない、長年にわたって蓄積された社会の無理解が根底にある。女性が働きたくても働けない理由として、二〇代後半から三〇代くらいの間で、マタハラによって職場を追われている事実があることは、決して無視できない。

次章では、女性が活躍する機会を奪う諸問題にフォーカスを当てる。

第二章　女性を押さえつける社会

1　子どもを産ませない職場

「二人目」はぜいたく品──正志さん(41)の場合

「妻は二人目が欲しいと言っているが、今の収入では一人だって育て切る自信がない」

東海地方に住む佐藤正志さん（四一歳）は、三年ほど前から子どもをあきらめている。

就職氷河期に大学を卒業した正志さんは、ずっと非正規の職を転々としてきた中年フリーターだ。今は業務請負契約で食品販売の営業をしているが、保障される報酬は月わずか一〇万円。あとは歩合給となる。地元の景気は決して良いとはいえず、月収は良くて一五万円程度だ。国民健康保険や国民年金の負担も重い。土日は日雇いで引っ越しなどのアルバイトを入れている。

五歳年下の妻は派遣で事務の仕事をしていたが、妊娠が発覚すると解雇された。以来、面接を受けても小さい子がいることを理由に断られ、仕事に就けないままだ。家計は厳しく、正志さんは毎日会社に弁当を持参。「ペットボトルのお茶なんて、もったいなくてとても買えない」と、水筒を持って節約に励んでいる。家計は火の車だ。

実際に食事に困るような家庭はどれだけ存在するのだろうか。国立社会保障・人口問題研究所が行った「生活と支え合いに関する調査」(二〇一七年)は、過去一年間に経済的な理由で家族が必要な食料が買えなかった経験を持つ世帯について調査している。

両親と子どもがある世帯の「二親世帯」(二世代)を見ると「まったくなかった」は八四・四%を占める。だが、「よくあった」(二・一%)、「ときどきあった」(四・三%)、「まれにあった」(八・三%)という数値もあり、合計で一四・七%もの世帯で食料の困窮状態を経験している。正志さんも、給料日前の買い出しは財布とにらめっこだ。

正志さんは、できるだけ仕事を入れて収入を得ようとしているため、週に一日も休むことができれば良いほうだが、休みをとった日は子どもと思い切り触れ合う。つたい歩きを始め、よちよちと数歩歩き、次第にしっかり歩くようになる姿を見て、「今がかわいい盛りだ」と、成長するたびにいつも思う。近所の公園に行くと、わが子は他の子どもたちと楽しそうにしている。

そんな姿を見るたびに、妻は「再就職もできない今だから、逆に産めるはず。子育てが一段落したら働けば、お金はなんとかなる。子どもにとっても、私と一対一でいるより、妹か弟がいるほうが良い」と正志さんを説得してきた。しかし、正志さんは「今の仕事もいつなくなるか分からないし、体力勝負で限界がくるはず」と思うと、どうしても前向きになれないでいる。

夫にも親にも頼れない閉塞感——智美さん(38)の場合

北関東の老人保健施設で働くヘルパーの大久保智美さん（三八歳）は、「育児も家事も全て自分が担っていて、もう無理だ」と、頭がどうにかなりそうな毎日を送っている。同じ年の夫はシステムエンジニアだ。長時間労働は避けられず、「子どもが生まれてからも働くのはいいけれど、僕は手伝えないよ」と家事は一切しない。智美さんの収入は月に約一五万円と少ないため、月給二八万円の夫の就労が優先される。夫は、連日深夜に帰宅する。土日も出勤しているため、家事も育児もやらないが、それも黙認状態だ。

子どもが一歳半の頃は、悲鳴をあげたいくらいの毎日だった。ちょっと目を離せば、壁に落書きをしたり、お茶をこぼしたりするのは日常茶飯事。ふとした隙に家を出てしまって道路に飛び出すなど、けっして気が抜けない。まさに「第一子の子育てで手一杯」な状態が続き、家事も満足にはできなかった。掃除をすれば「ママー！」と泣き、家の中はいつも嵐が過ぎ去った後のようだ。「この先、誰の助けもなしに二人も育てられるのか」という不安もよぎる。

智美さんは、人手不足を理由に育児休業もままならず、産後三か月で職場に呼び戻された。乳児を抱えながらも、上司からは「そろそろ遅番シフトや夜勤に入ってほしい」というプレッシャーをかけられた。「夜勤ができないならパートに切り替わって」とさえ言われる。マタハラ同然の職場だ。

実家の両親は「三歳児神話」（子どもは三歳頃まで母親自身の手元で育てないと、その子どもに悪い影響があるという考え方）を信じており、智美さんの職場復帰に反対していた。その手前、両親を頼ることはできない。結婚した当初、子どもは三人欲しいと思っていたが、このような環境のなか、「二人目が欲しいなんて言えなくなった」とため息を漏らす。

子育て世代にあたる三〇代の男性のうち、週六〇時間以上働く人の割合は二割弱となっている（総務省統計局「労働力調査」）。夫が仕事に行けば疲弊し、家庭では妻が育児や家事の全てを担う。そんな偏りが常態化してしまっては、「二人目」も遠のいてしまう。

公益財団法人1more Baby応援団（理事長・森まさこ氏）が二〇一八年五月に発表した「夫婦の出産意識調査二〇一八」によると、「子どもは二人以上が理想」と答えた既婚者は六九・九％で、同調査の開始以来（二〇一三年〜）、初めて七〇％を割り込んだ。一六年には八一・一％と過去最高を記録していただけに、急激に落ち込んだことが見て取れる。また、「二人目の壁」を実感すると答えた人の割合も、全体で七四・三％にも及んでいる。

「二人目不妊」が日本を脅かす

もともと、女性が年齢を重ねるにつれて妊娠しにくくなる状況は「卵子の老化」などと呼ばれ、晩婚・晩産化からくる「二人目不妊」が問題視されていた。

だが、より深刻なのは、雇用の不安定さなどの経済要因からくる「二人目不妊」だ。

前述の「夫婦の出産意識調査二〇一八」によれば、「二人目の壁」の主な要因としては、母親全体で「経済的な理由」（八四・〇％）が首位となっている。フルタイムで働く母親の回答では、「仕事上の理由」も五七・八％と突出しており、二人目が生まれた後に職場復帰する際の仕事への影響が心配の種となっている。他に上位となっている要因（母親全体）

「二人目の壁」を感じる要因

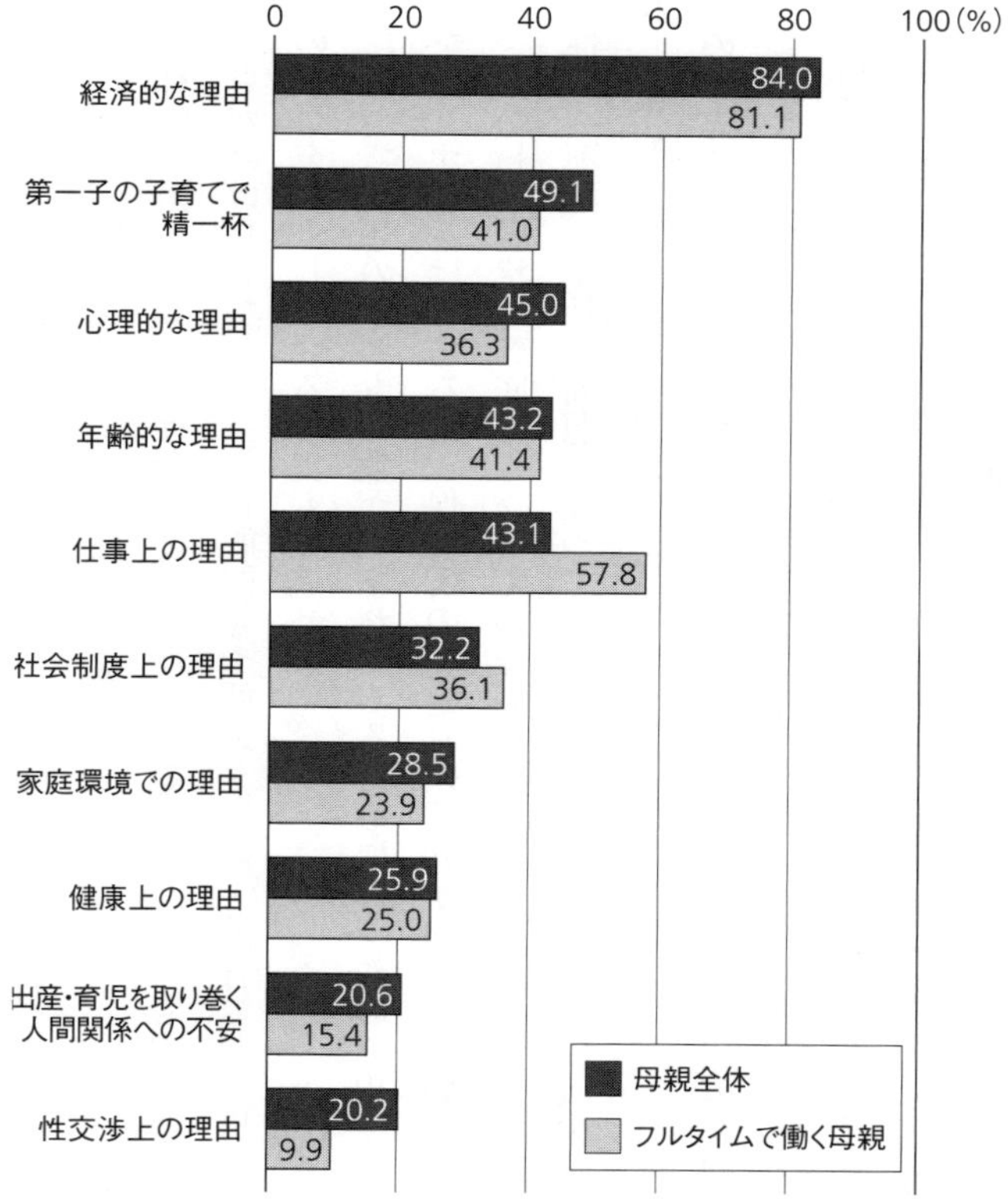

（出典：1more Baby応援団「夫婦の出産意識調査2018」）

は、「第一子の子育てで手一杯」（四九・一％）、「（育児のストレスなど）心理的な理由」（四五・〇％）、「年齢的な理由」（四三・二％）など――。

六番目の要因としては「社会制度上の理由」（三二・二％）で、保育や教育の情勢の見通しの悪さが挙げられており、保育所問題や妊娠・出産・子育て期の男女の雇用環境が「二人目の壁」を高くしている現実も見逃せない。

国にとって理想の子どもの数が生まれてくるためには、親の雇用・収入の安定、長時間労働をなくすことはもちろん、保育所の安定した運営がなされていることが必要とされている。しかし、現状は到底そうなっていない。

女性の「不妊」が社会問題となって久しい。それは何かと人口減少議論などに結びつけられ、「産めない」女性たちに焦りを与えている。

その一方で、「産みたいのに産めない」女性たちも増えているという現実がある。ここに、「産ませない社会」の現実が見える。本来なら子どもを産めるにもかかわらず、社会的な制約などによってそれが叶わない状況を「機会損失」と表現するのには、いささか語弊があるかもしれない。とはいえ、一人でも子どもの数を増やしたい今の日本において、そうした状況はあまりにも「歯がゆい」といえないだろうか。

「一人目不妊」と比べて世間の危機感が薄く、それほど大きな議論が起きていない「二人目不妊」だが、人口減少に悩む日本にとって、そのダメージはボディブローのようにじわじわと効いてくるのではないか。政治や行政は、一刻も早く事の重大さに気づき、対策を練るべきだろう。

特に必要なのは、女性が安心して働ける労働環境を整えることだ。働き盛りであっても非正規雇用が続き、思うように賃金が上昇しないのは男性でも同じだ。しかし女性の場合は、妊娠・出産を機に退職を迫られたり、職場復帰を阻まれたりするケースが後を絶たない。そのうえ、こうした「隠された貧困」は統計上に表れることが少なく、社会的な理解が足りないのも実情だ。

出産退職は後を絶たない。総務省統計局「就業構造基本調査」によれば、過去五年間に「出産・育児のため」に前職を離職した者は、二〇一七年で一〇二万四八〇〇人に上り、調査時点で無職の者は七一万人だった。また、仮に再就職できても非正規が多い。「パートタイム労働者総合実態調査の概況」(二〇一六年)では、働いている理由について「家計の主たる稼ぎ手として、生活を維持するため」と答えた女性は一七・五%だった。そのうち「生活を維持するには不可欠のため」という回答が三六・四%となっており、既婚あるいは子どもがいる非正規でも「フリーター」としてカウントすべき存在は多い。

非正規のうち、扶養範囲に収めるための「就業調整していない」三五〜五四歳の女性は、二〇一七年で四一四万三二〇〇人となる（「就業構造基本調査」）。この数字は、女性の「中年フリーター」そのものと言っていいだろう。

既婚独身を問わず、なぜこうした状況が生まれてしまったのか。以下では、女性たちが直面する困難の数々をレポートしたい。

2　閉ざされた「正社員」への道

転職を阻む高すぎる壁――博美さん（39）の場合

就職氷河期の恐ろしさを味わったのは、何も男性だけではない。むしろ女性にこそ、より悲惨な現実が待っていたといえる。

二〇〇二年に都内の有名私立大学を卒業した水野博美さん（三九歳）は、就職氷河期の象徴的な厳しさを身をもって味わってきた。

就職活動では一〇〇社近くの企業にエントリーシートを送り、書類選考が通れば片っ端から面接を受けていったが、「内定」の二文字を得ることなく卒業した。就職先が決まらない不安――。「無職になるよりはいい」と、派遣会社に登録した。ビジネスマナーやパソコン操作の研修を受けると、事務職の仕事を得ることができた。当時、こうやって非正規で社会人のスタートを切る若者が劇的に増えていた。

派遣契約は三か月ごとに繰り返す。慣れない社会人生活に加え、短期の契約更新でいつ契約が更新されなくなるかも分からず、胃が痛くなる毎日だった。働きながら必死に仕事を覚え、同じ職場で三年目になる頃には、職場の人間関係も良好に築かれ、仕事も一人前にできるようになった。上司からは「正社員になってくれればいいのに」と正社員登用をほのめかされ、胸が弾んだ。

しかし、そんな期待はあっさりと裏切られた。きっかけとなったのは、二〇〇四年の労働者派遣法の改正で「三年ルール」ができたことだった。この「三年ルール」が就職氷河期世代の運命を大きく変え、のちに中年フリーターを大量に生んだ遠因となった。

繰り返しになるので、ここでは要点だけ説明しておこう。「三年ルール」とは、同じ派遣社員を同じ仕事に三年以上就かせる場合、派遣先の企業は、正社員や契約社員などの形で直接雇用する「努力義務」が発生する、というものだ。だが、そこで発生したのは直接雇用ではなく、「三年でポイ捨て」という現象だった。

また、契約社員やパート・アルバイトなどの直接雇用であっても、契約期間は三年が上限とされた。三年という期間は、職場や仕事に慣れて一人前になってくる頃だ。三年で職場を転々としなければならないと、キャリアを積むことができず、ずっと非正規を繰り返さなければならなくなる。

のちに「三年ルール」による派遣切りが社会問題化すると、正社員登用がわずかに進んだ。しかし、それは「コンプラ重視」によるものである以上、雇用の質としては「名ばかり正社員」の域を超えないことが珍しくない。

博美さんは、派遣で三年になる直前に契約を打ち切られてしまった。もちろん、正社員には登用されなかった。それ以降、一〜二年おきに派遣先が変わることになる。「正社員になりたい」と転職活動をしていたが、二八歳頃からは面接の場で結婚の予定を聞かれることが増えた。やむなく派遣を続けるうちに結婚すると、今度は出産の予定を聞かれるようになった。男女雇用機会均等法の観点から、本来、面接でこれらの予定について聞くことは法令違反につながりかねない。

やがて転職活動は厳しくなり、非正規雇用のまま三〇代後半になってしまった。博美さんは結婚しているため、統計には表れてこないものの、典型的な中年フリーターだといえるだろう。

「女は、正社員になりたいなら、結婚も出産もしてはいけないということでしょうか」

博美さんは、忸怩たる思いを抱いている。

学童保育を支える非正規職員――真澄さんの場合

「最初からきちんとした正社員を経験していないから、自分はこんなものだと納得してしまったのかもしれません」

桜井真澄さん（四〇代後半）は、感覚がまひしそうになっている。

新卒採用で民間企業の正社員として働いた。営業職に就くと終業時間も遅く、生活が不規則なうえ、きついノルマが待っていた。学生時代に小学校の教員免許をとっていた真澄さんは、子どもに教える職に就きたいと考え、一年でこの会社を辞めた。

その後、真澄さんは地元自治体の学童指導員の職を得た。学童保育で子どもたちと触れ合う職だ。学童保育とは、児童福祉法に基づく施設で、法律上の正式名称は「放課後児童健全育成事業（放課後児童クラブ）」という。保護者が労働などで家庭にいない小学生の児童に対して、授業の終了後、小学校の空き教室などで遊びや生活の場を提供する。真澄さんは、学校のなかで働くことができると喜んだ。

厚生労働省の「放課後児童健全育成事業（放課後児童クラブ）の実施状況」（二〇一七年）によれば、放課後児童クラブは全国に二万四五七三か所あり、登録児童数は一一七万一一六二人に及ぶ。放課後児童支援員に占める常勤職員の率は低く、五〇％以上の都道府県は山形県と沖縄県のただ二県のみだ。常勤職員の全国平均は二七・六％であることから、学童保育の現場を支えている主力は非正規雇用であることが分かる。真澄さんも、非正規職員として採用されていた。

真澄さんの職場には正規職員がいない。全ての業務を非正規職員という身分で行っているが、一年目でも一〇年目でも賃金が同じで、退職金が多少は出るが一時金はない。納得がいかなかった。待遇改善について自治体と交渉したが、「特別扱いできない」と一蹴された。

「何年も働き続けたのだから、昇進があっても良いのではないか」

素朴な疑問が残る。もし現場で何か事故やトラブルがあれば、普段は役所にいる正規職員が責任をとるというが、実際には現場の非正規に責任が覆いかぶさる。この点について も交渉すると、自治体側から「一年雇用の職員が昇進するのはおかしい」と言われ、相手 にしてもらえなかった。

四〇代後半を迎えた真澄さんは、「この先、乳がんにかかったり、病気で休んだりする こともあるだろう」と心配が絶えない。

真澄さんは、ずっと一人暮らしをしている。三〇代のうちに結婚していたら生活が変わったかもしれないが、生活スタイルはこの二〇年変わらないまま。手取り十数万円では 貯金もできないが、ギリギリの生活で何とかやっていける。だが、もしこれから親に介護 が必要となった時は、どうなるのだろうか。

「学童での仕事は魅力的。自分で考え、型にはめられることもなく、実践できる楽しい仕事です」

一方で、真澄さんはこうも語っている。

「体力的にはきつくなってきた。子どもたちと走り回って、夏の炎天下では長い時間いられない。五〇〜六〇歳になった時にも続けられるのだろうか」

不安が頭をよぎる日々だ。

非正規と正社員の間にある賃金格差

先述した博美さんは、派遣で働きながら正社員への道を探っていた。だが、一度非正規で働くと、正社員に転職するのは極めて難しいのが現状だ。

総務省統計局の「労働力調査」（二〇一七年）では、非正規雇用に就いた主な理由を尋ねており、一四・三％が「正規の職員・従業員の仕事がないから」と答えている。こうした「不本意非正規」を年齢層別に見ると、三五〜四四歳で五一万人（一四・五％）、四五〜五四歳で六〇万人（一五・四％）となっている。

また、厚生労働省の「能力開発基本調査」（二〇一七年度）によれば、非正規社員が職場で教育訓練を受ける機会は正社員の約半数に留まる。非正規でいること自体が、キャリアを閉ざしてしまいかねない状況がうかがえる。

一方、非正規が非正規のまま留まる割合が高い理由には、何も能力が劣っているわけではなく、職を探しても見つからないという現実もある。そうした非正規のなかには、正社員の代替として、同じような仕事と責任を負いながら働く人が少なくない。

厚生労働省が五年に一度行っている「パートタイム労働者総合実態調査」（二〇一六年）によれば、パートタイムで働く理由のトップは「自分の都合の良い時間（日）に働きたいから」で、五七・〇%となっている。だが、「正社員として採用されなかったから」(七・四%)、「正社員としての募集が見つからなかったから」(一一・七%)という数値もあり、不本意ながら非正規という割合も二割弱存在している。

同調査でさらに問題なのは、正社員と非正規雇用の仕事が実質的に同等であるにもかかわらず、賃金格差がついていることが明らかな点だ。パートタイムで働く労働者の約半数が何らかの不満を抱えているが、たとえば「業務内容や仕事の責任は正社員と同じなのに正社員と比較して賃金が安い」(二一・八%)、「通勤・退職手当等がない又は正社員と比較して安い」(二一・七%)といった数値は、待遇格差が存在していることを如実に示している。

雇用情勢が生んだ格差は深刻さを増し、年齢を重ねるごとに広がっていく。特に女性の場合は、三〇歳前後になると結婚や出産の予定を聞かれ、正社員への登用が閉ざされるケースも目立つ。そのため、結婚や出産をあきらめる現象も顕著になり、中年フリーターが増加する一因にもなった。

見えづらい女性の中年フリーター

派遣切りにあったある女性は、他の会社への転職も視野に入れ、転職活動を試みた。だが、女性であることと年齢がネックとなった。

「面接で結婚の予定を何度も聞かれた」と彼女は振り返る。ある面接官は、こうも言ったという。

「うちも余裕はないから、どうしても三〇歳くらいからの採用は難しいんだよね。入社してすぐに結婚したり、妊娠されたりすると困る。子どもを考えているなら、ちょっと難しいかな」

厚生労働省の「人口動態調査」によると、女性の晩婚化はますます進んでおり、二〇一七年の初婚年齢は二九・四歳、初産の年齢は三〇・七歳となっている。女性は三〇歳前後に転機を迎えるのだ。

三〇歳で結婚した女性は、結婚後の面接では「まだ子どもは考えていません」と嘘をついてみたものの、採用には至らなかった。ある人材紹介会社の営業担当者からは「妊娠中や子育て中は残業をさせられないため、女性の年齢が不利に働く。特に正社員の経験がないと条件はもっと厳しい」と言われた。

女性の平均初婚・初産年齢と合計特殊出生率

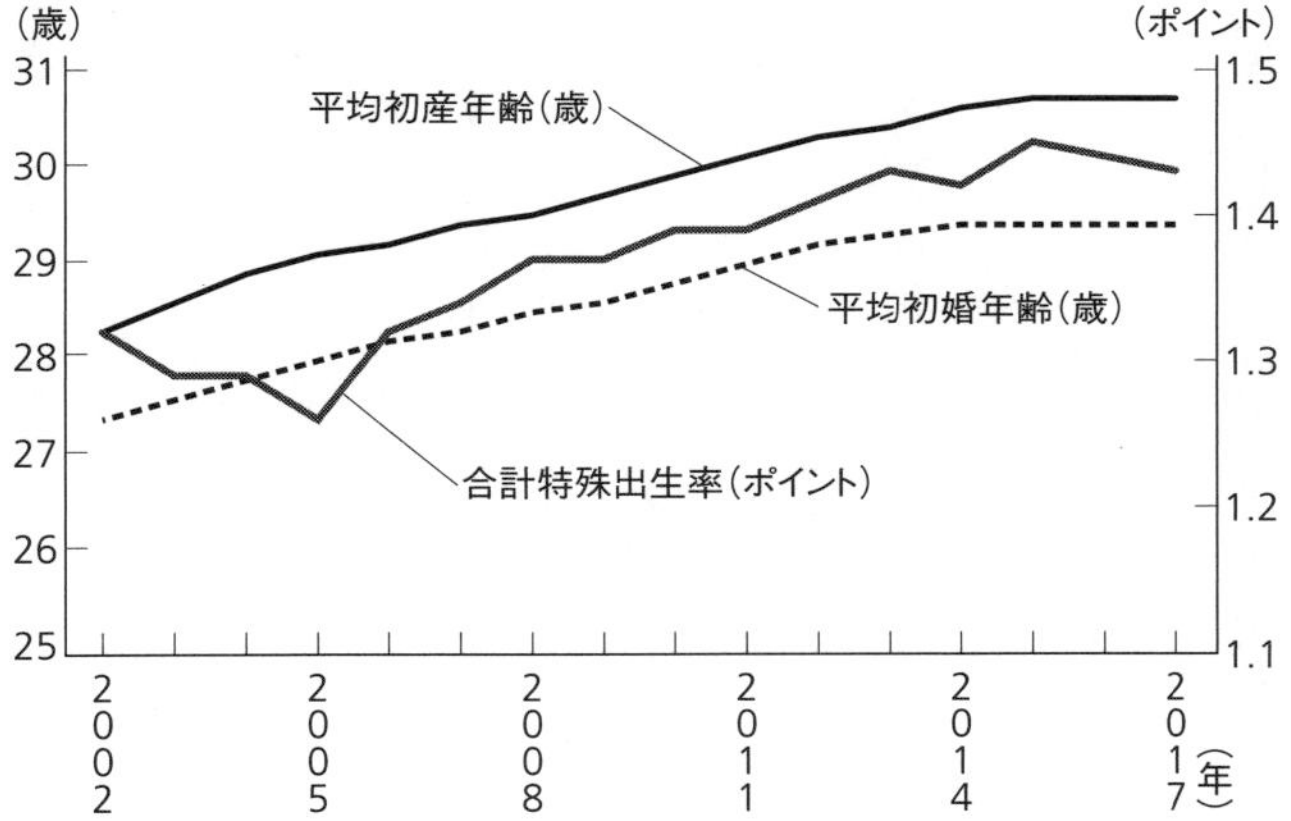

(出典:厚生労働省「人口動態調査」)

つまり、転職しようにも最初から門戸が閉ざされ、派遣やパートなどの非正規に留まってしまうのだ。

総務省統計局の「労働力調査」によれば、二五~三四歳の非正規社員比率はここ二〇年で大きく上昇している。女性の労働力率を指すM字カーブは改善しているが、それも非正規雇用に起因する改善か、結婚をあきらめて働き続けているからだろう。

たとえ失業状態であっても、不安定な雇用に追い込まれていても、結婚が隠れ蓑となってしまい、女性の中年フリーター問題は見えづらくなっている。

小手先の規制強化では不十分

結婚や出産適齢期にある女性が非正規であると、妊娠を理由に解雇されることも珍しくない。女性の非正規社員は、二〇〇九年頃に一度減少に転じて一二〇〇万人となったが、その後再び増加の一途をたどり、二〇一七年は一三八九万人となった。

できれば早く子どもが欲しいと思っている夫婦がいた。夫は正社員として働いているが、ボーナスは半減した。残業もなくなり、月給は手取り二〇万円程度だ。正社員とはいっても「名ばかり正社員」の状態だ。

契約社員として働く妻の収入がなくなれば、家計は維持できない。だが、三年経ったところで妻の契約は終了してしまい、正社員登用の見込みも期待薄な状態だ。先の見えない不安から、子どもを作ることができないでいるなか、収入が安定している友人には出産が続き、気持ちは焦るばかりだ。

「契約社員は派遣より安定しているかと思ったけれど、そんなことはなかった。雇用の不安定さも頭は痛いが、子どもを作ることに躊躇することが一番の悩み。私か夫かどちらかでも収入が安定さえすれば、子どもを産めるのにと思うと、友達が羨《うらや》ましくて仕方ない」

共働き世帯数が片働き世帯数を超えるようになって久しい。男性が家計を支え、女性が家事・育児というスタイルは、経済状況からも労働力人口のバランスからも、そしてそれが強制されるのであれば人権という観点からも問題だ。しかし、相変わらず男女間には賃金格差があり、スキルアップにつながる仕事に就くチャンスの格差もある。

厚生労働省の「賃金構造基本統計調査」（二〇一七年）によれば、一般労働者の平均所定内給与を男女で比べると、男性を一〇〇とした時に女性は七三・四という状況だ。改善傾向にあるとはいえ、男女雇用機会均等法が施行されてから三〇年以上も経って、なおこれだけの賃金格差が存在するのである。

また、男女雇用機会均等法が施行された一九八六年には、労働者派遣法も施行されている。女性に用意された雇用は派遣だった、と読み替えることもできるだろう。事実、「賃金構造基本統計調査」によれば、派遣社員の数は女性のほうが圧倒的に多い。特に問題なのは子育て期の女性に派遣が多いことだろう。

労働界では「派遣は一度覚えたらやめられない。麻薬のようだ」と言われた。派遣期間が満了すれば合法的に「クビ」にできるうえ、目先の人件費や福利厚生費を削減できるからだ。そのうまみを知ってしまい、人材こそ成長力の源であることを見失った企業には、小手先の法改正による規制強化も効果が薄いだろう。

だが、個人の努力では解決できない、このような構造的な労働問題は、確実に次世代にも影響を及ぼしている。非正規や賃金格差の問題が、自身の生活だけでなく、リプロダクティブ・ライツ（次世代を育む権利）をも侵しているという事実を、もっと真剣に考えていかなければならない。

それを先送りにし続けた結果、出生数が一〇〇万人を割り込み、中年フリーターが増加した現在があるのだから。

3　「妊娠解雇」の衝撃

増加するマタニティハラスメント——彩花さん（33）の場合

「引き継ぎはいつにしようか。仕事は辞めて子育てに専念するんでしょ？」

東海地方の電気関連会社に勤める今野彩花さん（三三歳）は、上司に妊娠の報告をすると、まるで当然のように「退職」の二文字を突き付けられた。学生時代から「結婚しても出産しても働き続ける」と信じて疑わなかった彩花さんにとって、上司の予想外の言葉に唖然とするしかなかった。

働く女性が妊娠や出産をすることで解雇・雇い止めされることや、職場で受ける肉体的・精神的なハラスメントが「マタニティハラスメント」（マタハラ）と呼ばれ、注視されるようになってきた。

マタハラという言葉はこれまであまり浸透していなかったが、職場においては、セクハラやパワハラと並ぶ三大ハラスメントとされている。連合（日本労働組合総連合会）の「第三回　マタニティハラスメント（マタハラ）に関する意識調査」によれば、回答した二〇〜四〇代の女性社員の約三割が、マタニティハラスメントを受けているという。

実は、本人がそれとは知らずに、マタハラを受けているケースは少なくない。

彩花さんの上司は、妻が専業主婦だ。バブル期入社の上司世代は、女性は「三高」（高学歴、高収入、高身長）の男性を狙って寿退社するか、結婚や出産をあきらめて男性以上に働かなければ生き残れなかった時代だ。

上司の個人的な意見としても「子どもが小さいうちは、母親は働かずに家にいたほうがいい」と常々聞かされていた。いざ自分が妊娠すると、上司は彩花さんの意に反して「辞めたほうがいいのではないか」と強調するようになった。

さらに、会社の業績もかんばしくはなく、管理職には人件費削減のプレッシャーがのしかかっていた。彩花さんが所属している経理・庶務部門の正社員は半減した。正社員は五〇代の上司と四〇代の男性社員、そして彩花さんの三人だった。

今までフルタイムで働いていた契約社員もいなくなり、繁忙期だけ非正規社員が雇われるようになった。当然、正社員の負担は重く、決算期には深夜まで残業が続く。上司は妊娠中の彩花さんに、「正社員で残業できませんと言われても困る」と退職を促した。

「妊婦は羨ましいよな」

思ってもみない退職勧奨に、彩花さんは反論する余地がなかった。

しかし、インターネットで調べると、産前産後休業や育児休業は法律で守られる当然の権利と知り、上司に「労働基準法や育児・介護休業法で認められている。私は辞めずに働き続けたい」と、強く主張することができた。

それでも、職場の雰囲気は厳しかった。

「一人前に仕事ができないくせに」

「あ〜あ、妊婦は羨ましいよな」

心ない言葉のハラスメントを受ける毎日だった。

しばらくすると、決算の繁忙期と重なるように、つわりの症状がひどくなった。妊娠初期に無理の利かない彩花さんの分の業務負担が増えた先輩社員は、冷たかった。吐き気でトイレに駆け込み、席に戻った彩花さんに聞こえるように、こうつぶやくのだった。

「一人前に仕事ができないなら迷惑なんだよな。甘えてるよ」

明らかなハラスメントだ。しかし、上司も先輩も午前〇時近くまで残業をこなしているため、後ろめたい気持ちにさえなってしまう。

そのようななかで、お腹の張りが強く、痛みも感じた彩花さんは、流産しないか心配になった。悩んだ末に、「すみません。お先に失礼します」と、周囲の非正規社員が帰り始める夜一〇時頃にはせめて会社を出ようと試みた。

吐き気が治まっているうちに集中して仕事を終わらせたが、帰り際に先輩社員は「あーあ、妊婦は羨ましいな」と舌打ちをした。

彩花さんは「つわりが治まるあとちょっとの我慢」と、精神的な苦痛にも耐えていた。

しばらくするとつわりは治まり、決算業務も落ち着きを取り戻した。「甘えている」と言われないよう、資料などの入った重い段ボールを運ぶような仕事も、代わってもらうことなくこなしたが、「流産しないだろうか」とお腹に手を当てながら、不安を感じる日々を過ごした。

職場復帰しても居場所がない

前述した連合の調査によると、実に六七・三%もの女性が「マタハラが起きる原因」として「男性社員の妊娠・出産への理解不足・協力不足」を挙げている。また、八八・三%もの女性が「子育てをしながら働く」と回答しながらも、出産・子育てによって「仕事を辞めざるを得なかった」という女性は三二・六%にも上る。

彩花さんの場合は、職場での冷遇に耐えながらも無事に子どもを出産した。八週間の産後休業と約二か月の育児休業をとり、子どもを保育園に入れやすい四月に職場復帰した。しかし、上司は「君のいない間に業務が大変になったから、フルタイムで契約社員を入れた。もう居場所はない」と言い、元の部署への復帰は叶わなかった。そのうえ「いま空きがあるのは営業だけ。それが嫌なら辞めるしかない」と、二者択一を迫られた。これも、妊娠や出産を理由にした不利益な取り扱いおよび解雇にあたり、男女雇用機会均等法に違反する。

工場勤務の夫の給与は、手取りで月一八万円程度だった。家計に余裕はない。彩花さんが辞めるわけにもいかず、慣れない仕事と新しい人間関係に四苦八苦するなか、「保育園の洗礼」が待っていた。

年度始めの保育園では、園児らは新しい環境に慣れずに風邪をひきやすい。感染症はあっという間に広がる。一般的にいえば、入園後、半年くらいは急な発熱や感染で休みがちになる。

彩花さんが保育園に子どもを預けてからは、風疹や手足口病が大流行した。夜勤のある夫は育児のあてにならず、子の看護のため彩花さんが会社を遅刻・早退し、欠勤することも増えてしまった。職場では、営業職に子育て真っ最中の女性社員はいない。ここでも他の社員から「子どもを理由に休みすぎ」「仕事もまともにできないのに、いきなり抜けられると困る」と煙たがられ、子どもに体力のつく二〜三歳頃までは右往左往した。

彩花さんは「働きながら妊娠して出産し、子育てすることが、こんなにも周囲から疎《うと》んじられるものなのか」と、すっかり意気消沈した。

こうしたマタハラが横行する職場では、産後にクビがつながったとしても、職場復帰後も冷遇されることが少なくない。そもそも、人員不足で長時間労働が恒常化しているところにも、他の社員を気遣う余裕を失わせる根本的な問題がある。人員補充や賃金アップなどのインセンティブがない限り、そのぶんの業務を任された社員から不満が出てしまうからだ。

横行する「妊娠解雇」――陽子さん(39)の場合

こうしたマタハラ問題は、実は古くて新しい問題だ。

一九八六年に男女雇用機会均等法が施行され、「女性総合職第一号」が生まれた頃は、今以上に男性よりも努力しないと認められない時代が続いた。出産はおろか、結婚もあきらめて仕事を選ばなければ、評価されない風潮は少なからずあった。

その後、次第に女性の雇用の間口が広がり、かつての「寿退社」が減少した。結婚・出産・子育てをしながら働き続けるチャンスが、少しずつではあるが増えていった。前述した連合のマタハラ調査によれば、「できるなら、自分の希望として働きながら子育てをしたいと思う」との回答が五一・四%に上り、「経済的な理由で働きながら子育てをしなければいけないと思う」の三六・九%を大幅に上回った。これは、女性の意識が大きく前進していることを意味する。

ところが、二〇〇〇年頃から始まった就職氷河期から、真っ先に女性の雇用にしわ寄せがいき、派遣を筆頭に非正規雇用が急拡大した。それにより、かつての「寿退社」は「妊娠解雇」に置き換わった。派遣社員が妊娠すると、派遣先から「不良品」と呼ばれ、派遣元に「とっとと返品して」と言われる現象すら起こっている。

化学メーカーに勤める派遣社員の木下陽子さん（三九歳）も、「妊娠解雇」に遭った一人だ。陽子さんは、三か月ごとの契約で二年半ほど貿易事務の仕事をしていた。事務職は派遣社員が多いが、なかには正社員登用された人もいた。

上司からは「派遣で三年経ったら、正社員に登用されるかもしれない」と言われ、期待を膨らませたが、一方で「いつ妊娠すればいいのか」と悩んだ。正社員登用を待っていては三五歳になってしまう。当時の陽子さんは三四歳。年齢を考えれば、そろそろ妊娠を考えても良い時期だった。

女性にとって、三五歳は妊娠の分かれ目だ。卵子は老化するため、三五歳で妊娠率が低下し、流産率も高まる。陽子さんは、悩んだ末に「子どもは授かりもの。欲しいと思ってもすぐできるわけではない」と、自然に任せることにした。

ほどなく妊娠が分かり、「早く報告して今後の相談をしたほうが良いだろう」と、派遣先の上司に報告した。数日後、派遣元の担当者から「次の契約更新がなくなりました」と連絡を受けた。

納得できない陽子さんは派遣元に理由を尋ねたが、「スキルの問題です」と言われるばかり。他の派遣社員は契約が打ち切られるケースはなかったため、「妊娠したことが理由に違いない」としか思えなかった。

派遣先の上司に契約の打ち切りについて食い下がると、「どうせなら、正社員になるまで妊娠を待てば良かったのに。派遣の間に何かあっても責任持てないから、辞めて安静にしたほうが良いのでは」と、契約打ち切りの理由が陽子さんの妊娠によるものだと、あっさり認めた。

これは明らかに男女雇用機会均等法違反だ。契約満了という名の「妊娠解雇」である。

交渉の余地がないのか探りたい陽子さんだったが、つわりがひどくなり、闘う気持ちになれなかった。陽子さんは、「たとえ闘ったとしても、職場に居づらくなる。無事な出産を考えると、余計なストレスを抱え込めない」と、振り返った。

育休をとればクビ——清美さん(38)の場合

非正規で働く女性の場合、育児休業が取得できないという矛盾も起きている。

大木清美さん（三八歳）は、冬になれば雪深くなる日本海側の中規模都市で生まれ育ち、地元で就職した。臨時職員の臨床検査技師として自治体病院で働いて一〇年。正職員との待遇格差に疑問を感じてはいるものの、「それでも民間よりはマシ」と話す。

清美さんが専門学校を卒業した頃は、専門職にとっても超就職氷河期だった。とにかく地元には仕事がない。専門学校には同級生が八〇人いたが、学校に来た求人はたった一件だった。検査技師の募集一人に対して、二〇〇人もの学生が集まったという。

その後、一般企業での就職などを経て、現在勤める自治体病院にパート職員として採用された。雇用契約上は臨時職員となるが、職場では「一日六時間勤務がパート職員」と規定されている。パート職員には退職金がない。フルタイムの職を探そうとも思ったが、なかなか見つからない。ちょうど、結婚が視野に入っていたこともあり、「とにかく臨床の仕事の経験を積もう」と待遇面には目をつむった。六か月ごとに契約は更新され続け、もう一〇年以上になる。

その間、清美さんは三度の出産を経験した。しかし、いずれのケースも育児休業をとらずに働き続けている。地方公務員の育児休業は、一般企業などの労働者とは別に、「地方公務員の育児休業等に関する法律」によって定められている。同法に従えば、臨時職員である清美さんは育児休業取得の対象外となっているためだ。

地方公務員の一般職非常勤などについては、育休を取得できる範囲を条例で定めるよう求められている。総務省の「地方公務員の臨時・非常勤職員及び任期付職員の任用等の在り方に関する研究会報告書」(二〇一六年一二月)で提出された資料によると、たとえば「一般職非常勤職員」を雇い入れている都道府県・指定都市・市区町村七七七団体のうち、育児休業を導入する「予定なし」が二九二団体にも上る。自治体病院によっては、非常勤職員でも生理休暇や育児時間(一日二回三〇分)がとれるケースもあるが、育休となるとまだまだ道のりが遠い。

清美さんの第一子の出産は、一〇年ほど前になる。なかなか子どもが授からず、不妊治療を受け、体外受精で子どもが生まれた。ところが、労働基準法で正規・非正規を問わず全ての労働者に認められている産休(産前六週、産後八週)しか認められなかった。清美さんは、産後二か月での職場復帰を余儀なくされた。

「産後八週の産休を計算して、何月何日に出勤しているか。その日にいることが、あなたの席を守ることです」

職場からは、そう忠告された。産後の肥立ちが悪かった同僚は、その日に出勤できずクビを切られた。職場に戻ることができたのは、お産がスムーズだった人だ。難産で帝王切開となれば、傷口が痛くて産後八週では仕事をするまで回復できず、失職してしまう。お産の運次第で、職が失われるのだった。

「同じ非正規でも、医療クラークは特別職非常勤職員で育児休業をとることができる。嘱託職員も育児休業はとれる。なのに、なぜ一〇年も検査技師として働いている自分は、臨時職員ということだけでダメなのか」

検査技師になって一〇年が経つ。六時間のパートは日給八三〇〇円で、満足のいく条件ではない。少しでもキャリアアップしようと考えた清美さんは、まだ幼い子どもを育てながら、寝る間も惜しんでふらふらになって勉強し、超音波検査士の認定資格を取得した。

一緒に卒業した友人は、仕事が不安定で結婚もしていない。結婚した同級生は出産すると仕事を辞めている。臨時職員は一年限りの募集でも人が集まる。検査技師の代わりはたくさんいるということだ。

「女性は産んだら辞めろと言われているみたい。団塊世代が退職しても、正規で雇用されるのは新卒ばかりです。就職氷河期世代はいらない世代なのだろうか。キャリアを積まなければ生き残ることができない。仕事がなければ、当然、何もできない。生きるってなんだろう」

清美さんは、ふと考えてしまう。

4 介護・看護職と非正規公務員

「二人目だから流産してもいいじゃない」——理恵さん(35)の場合

こうしたマタハラは、女性比率の高いはずの介護・看護業界にも蔓延している。厚生労働省の「介護サービス施設・事業所調査」(二〇一六年度)によれば、介護職は日本全体で約一八三万人の就労人口があり、その七〜八割が女性となる。寝たきりの高齢者を抱えたりする介護の仕事は、体への負担が重い。当然、ここにもマタハラ被害が数多く存在する。

「二人目の妊娠だからいいじゃない。皆、流産してきたんだよ」

介護職の加藤理恵さん(三五歳)にとって、この言葉は一生忘れられない辛い思い出となっている。流産したのは、もう一〇年も前のことだ。第一子を出産後、待望の第二子を宿したが、夜勤が彼女の新しい命を奪ったのも同然だった。

理恵さんは、北関東の老人保健施設で働いている。寝たきりの高齢者を介護するのは重労働だ。流産しないか心配した理恵さんは、第一子の妊娠中も、上司から「正職員なのだから、妊娠したからといって夜勤ができないなんて言えない。みんな夜勤をしているのだから大丈夫」と言われ、夜勤が免除されることはなかった。

結局、産前休業に入る直前まで夜勤に組み込まれた。切迫流産や切迫早産の兆候があったものの、第一子は無事に出産することができた。

その一年後、次の妊娠が分かったが、相変わらず夜勤は免除されない。人手不足から、遅番や夜勤が月に一〇回以上も課せられた。上司から、「夜勤が嫌なら、辞めるかパートになるしかない」とまで言われた。

介護職の理恵さんと看護師の夫の年収を合わせて、世帯収入は年間で五〇〇万円。家のローン、通勤や生活に欠かせない車の維持費、上の子の保育料を考えると、理恵さんが辞めることはできなかった。

妊娠九週目、夜勤明けの腹痛に嫌な予感がした。見る見るうちに子宮からの出血が始まり、胎児が血の塊とともに押し出された。それが流産だという直感があっても、信じたくない。

産婦人科に駆け込むと、流産したことを告げられた。職場に流産の報告をすると「二人目なんだからいいじゃない。この仕事で流産は当たり前」と言い放たれた。「夜勤が子どもの命を奪った。その命の重みに一人目も二人目もない」

理恵さんは今でもそう思ってやまない。

それから二年後、三度目の妊娠が分かった。職場の状況は変わらず、正職員である以上夜勤は免除されない。今度も流産の危険があり、強い意志を持って上司に夜勤免除を申し出ると、「特別扱いはできない。お互い嫌な思いをするよりは……」と、休職を余儀なくされた。

夜勤を免除さえしてもらうことができれば、仕事は続けられた。切迫流産の診断書が出ている間は傷病手当をもらうことができたが、安静にして症状が治まると、理恵さんの収入はなくなった。社会保険料の自己負担分が毎月マイナスになっていく。夫の収入だけでは家計が維持できず、ついに第一子の保育料を滞納する極限状態に陥った。

産後、育児休業を一年取得して職場復帰する予定だったが、家計の状況から半年で職場に戻ることとなった。上司からも再三にわたって「人が足りない。早く戻れないか」と電話がくる。

理恵さんは生後六か月の乳児を抱え、再び夜勤人員に組み込まれた。「妊婦を守らないマタハラ職場では、産後の子育て中もひどい仕打ちが待っている」と痛感する。一〇年以上働いても、夜勤をこなしてやっと月給が二〇万円に届くかどうか。仕事を辞めたいと思っても、生活のために辞められない。

「管理職や制度を作る役人、政治家は、一度でも福祉や医療の現場に来て夜勤の辛さ、日勤の過密労働を体験してほしい。国が制度をきちんと改善しない限り、人手不足は続き、マタハラなんてなくならない。そして、現場から人はいなくなる」

理恵さんは切実に訴える。

妊娠看護師の一〇人に一人が流産

二〇二五年には、団塊世代が一斉に後期高齢者（七五歳）となり、いよいよ超高齢社会を迎えることになる。介護職は現時点においても人手不足だが、今後はますます需要が高まることが予測されている。もちろん、看護職などの福祉や医療を支える専門職も同様だ。こうした専門職に従事する人の多くは、女性で非正規雇用だ。妊娠、出産、子育て期に、労働市場から脱落してしまうケースは決して少なくない。

看護職の女性は極めて多く、働く女性の二〇人に一人が看護職（保健師、助産師、看護師、准看護師）とされる。厚生労働省によると、看護職として働く人は約一六六万人（二〇一六年）で、その九割以上が女性である。日本看護協会の調査によれば、病院看護職の常勤職員に限っても、離職率は一〇％を超えている。勤務時間の長さ、超過勤務の多さ、夜勤負担の重さは深刻だ。

その背後には、マタハラの被害が見え隠れする。

日本医療労働組合連合会の「看護職員の労働実態調査」（二〇一七年）によれば、二〇一四年四月以降に妊娠した看護職員のうち、「順調だった」と答えたのはわずか二六・四％に留まっている。三〇・五％が切迫早産・流産を経験しており、一〇％が流産となっている。

少し古い資料になるが、厚生労働省の「看護職員就業状況等実態調査」（二〇一〇年度）では、「第一子の妊娠・出産・育児の際に受けたかったが受けられなかった支援・制度等」を尋ねている。回答の上位には「夜勤の免除または夜勤回数の軽減」「時間外労働の免除」

が挙げられており、看護業界の風土が長らく変わっていないことがうかがえる。

高齢化や医療技術の進歩に伴い、現場では激務が避けられない。そこで働く妊娠期の看護職にはマタハラ問題が起こりやすく、それが離職を促す原因となっているようだ。

公務員の世界を襲う異変——弘子さん(40)の場合

「安定」の代名詞と言われてきた公務員の世界でも、同じような異変が起こっている。臨時職員や非常勤職員が増えたことで、「妊娠出産＝雇い止め」という図式ができてしまったのだ。

都内の自治体で働く宮田弘子さん（四〇歳）は、大学院を出た後、非常勤の公務員として採用された。一年ごとの契約更新で、最高で五年が上限だったが、四年目に妊娠が分かった。誰かに相談したかったが、職場で出産を経験した非常勤職員はいなかった。

つわりで遅刻や欠勤が増えると、上司からは「勤務態度の評価に響く」と言われた。そのうち「うちで非常勤が出産した例はない。働きたいなら休むな」と、風当りが強くなっていった。

弘子さんは「できれば育児休業をとって働き続けたい」と考えていたが、弘子さんの次年度の契約は更新されず、雇い止めに遭った。表向きの理由は「次年度の事業予算がつかない」ということだったが、非常勤の同僚の多くが五年間は勤め上げていた。事実上の「妊娠解雇」であることは明白だった。五年ほど前のことだが、今も状況は変わらない。

現在、多くの自治体で非正規雇用が増えている。総務省の調査（二〇一七年）によれば、市町村の非正規公務員は六四・三万人に及び、九年で一九万人ほど増加した。待遇も悪く、給与は正規職員に比べて三分の一～四分の一程度だ。

妊娠を望む時期に非正規雇用だと、就業継続が困難になる例をいくつも見てきた。国立社会保障・人口問題研究所の「出生動向基本調査」（二〇一五年）によれば、第一子妊娠前に非正規社員だった場合、育児休業を利用して就業継続した割合はたった一〇％に過ぎない（結婚や出生の年が二〇一〇～一四年のケース）。一方で、正社員の場合は五九％もの割合で就業を継続している。

こうした格差は、もはや一般企業だけの話ではない。それは弘子さんの例からも明らかだろう。

妊娠は本来「おめでたい」ことだ。子どもは周囲から「おめでとう」と言ってもらって生まれてくるもの。しかし現実として、働く女性が妊娠すると「すみません」と謝らなければならず、法が定める母性保護規定は無視され、マタハラによって最悪のケースともいえる流産と隣り合わせの状況で勤務しているのが現状だ。

当然、無事な出産を望めば、「トラブルやストレスを抱えるよりは」と退職して泣き寝入りするケースが増える。これが公的な専門職にも激増しているということは、介護・看護・保育を必要とする家族を支える人材を失うことを意味する。社会保障の機能を低下させかねない。

このような事態がさらに進めば、家族の介護や看護のために離職を余儀なくされる会社員が増えるだろう。ひいては企業からの税収が落ち込み、国家レベルの深刻な問題へとつながりかねない。

自ら資格や免許をとって働く専門職員のマタハラ離職は、一般企業社員のマタハラ離職とはまた違った意味を持つ。

5 「妊娠解雇」から児童虐待へ——多恵さん(41)の場合

「なんで子ども作るの?」

「こんなはずではなかった。つい、激しく叩くようになってしまった」

野村多恵さん(四一歳)は、肩を落とし、ぽろぽろと涙を流しながら話し始めた。当時、子どもは四歳と一歳だった。

多恵さんも、やはり超就職氷河期に大学を卒業している。就職率が六〇%を切る中では就職先が見つからず、派遣社員で社会人のスタートを切った。一般事務職の派遣として食品メーカーで一年働き、「派遣でもスキルをつけなければ生き残れない」と感じた多恵さんは、簿記試験を受けるなどして経理の勉強を始めた。

そのうち、IT(情報技術)関連会社の経理部に派遣された。二五歳で大学時代から交際していた恋人と結婚。彼は居酒屋チェーンで正社員として働いている。多恵さんの年収は約三〇〇万円。彼の年収は約四〇〇万円。「二人合わせれば、十分暮らしていける」と信じていた。

派遣で三社目となった会社で二年経った頃、上司から「このままいけば、正社員になれる」と言われた。ところが翌年、多恵さんの妊娠が分かると事態は一変する。多恵さんは「出産する頃には正社員になれる。早めに報告したほうが、迷惑をかけないで計画的に仕事ができるだろう」と思い、妊娠が分かってほどなく、まず派遣先の上司に笑顔で報告した。

「子どもができました。出産ギリギリまで頑張りますので、よろしくお願いします」

上司も祝福してくれると思ったが、思いもよらない言葉が返ってきた。

「正社員になろうっていうのに、なんで子ども作るの？」

その言葉を聞いた瞬間、嫌な予感がした。上司は「今後について派遣元と相談する」と言う。

それ以降、上司は多恵さんを避けるようになった。自分のこの先がどうなるのか、不安になって派遣元の担当者に聞くと「まだ何も聞いていない」と言われ、「妊娠のこと、先に（派遣元に）言ってくれなきゃ困る」と困惑された。

出産・育児で二度の解雇

三週間後、次の更新の手続きの時期、派遣元から「派遣先から次の契約は更新しないと言われた」と告げられた。派遣先の上司に思い切って食い下がってみたが、「妊娠中の大事な時に、正社員になって仕事が増えたら出産に障るだろうから、体を大事にしたほうがいい」と一蹴された。

典型的な「妊娠解雇」だ。多恵さんが理解していた派遣法の趣旨とは違う意味で、三年が経過する直前に契約が打ち切られ、雇い止めになった。つまり、合法的に事実上の解雇となったのだ。

すでに述べたように、労働基準法では産休(産前六週、産後八週)が定められており、パートや正社員などの雇用形態にかかわらず、全ての女性に認められている。育児・介護休業法が改正され、二〇〇五年からは条件付きではあるものの、有期雇用契約の労働者にも初めて法的に育児休業の取得が認められている。しかし、実際に育休取得するのは困難で、非正規で育休が取れているのは一万人程度しかいない。

多恵さんが妊娠した当時の育児・介護休業法では、非正社員(日々雇用でない者)について、「同一の事業主に引き続き雇用された期間が一年以上」で、かつ「子が一歳に達す

育休取得状況（育児休業給付金の初回受給者数）の推移

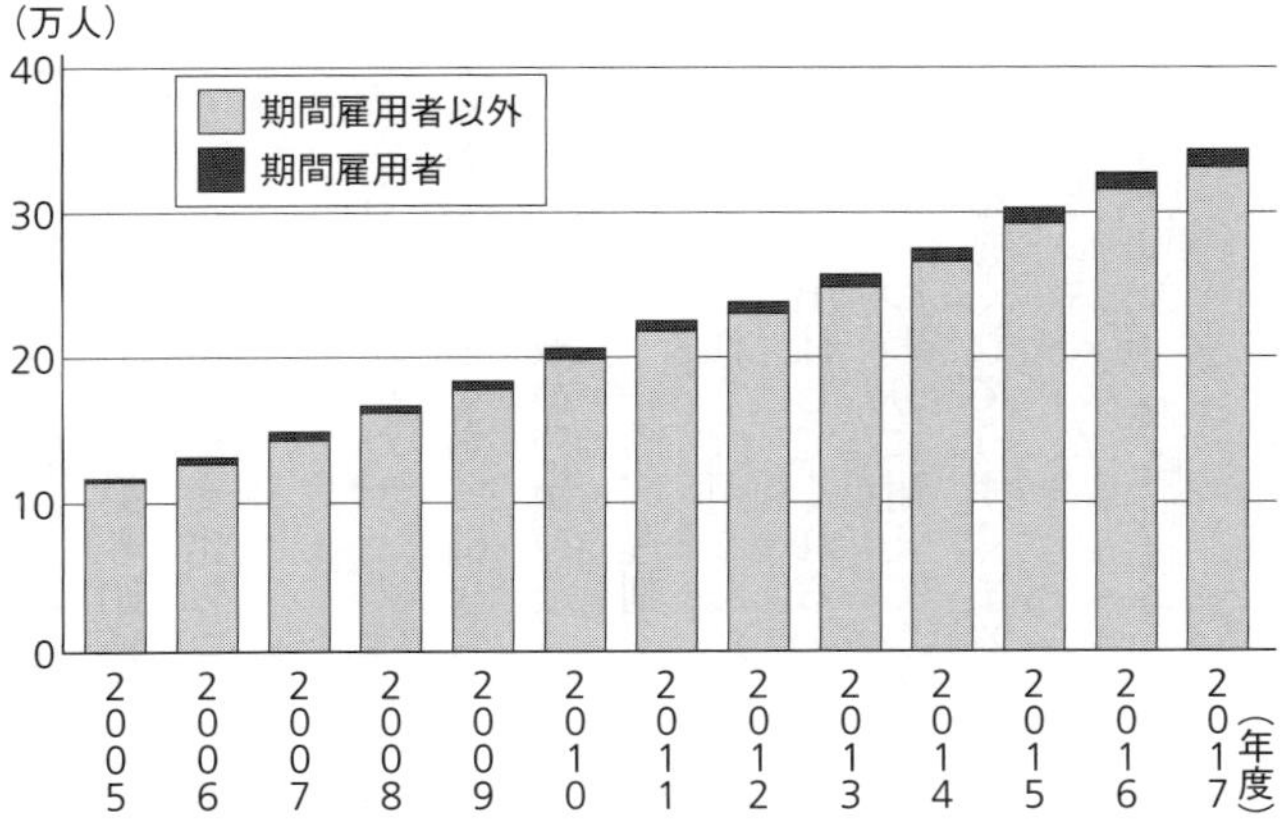

（出典：厚生労働省）

る日を超えて引き続き雇用が見込まれる」場合に、育児休業が取得できた。したがって、少なくとも多恵さんは、産前産後休業を取得することはできたはずだった。

クビになった多恵さんのショックは大きく、納得できない思いでいっぱいだった。収入も半減して苦しくはなったが、無事な女児の出産が心を満たしてくれた。

しかし、もともと働くことの好きな多恵さんは、早く仕事に就きたかった。職探しをしてみたが、乳児を抱えては面接にも行くことがままならず、二年が過ぎた。粘って就職活動をすると、町工場で経理の仕事が見つかった。しかも、正社員だ。月給は一六万円だったが、初めての正社員採用で

「何でも頑張って覚えていこう」と胸が躍った。

ところが、多恵さんが働き始めると、保育所に通うようになった娘が急に体調を崩すようになった。母の環境が変化したのを察知し、自身の環境の変化にもついていけなかったのだ。

保育所から「熱が出た」との連絡が来れば、多恵さんが迎えに行くしかない。居酒屋で深夜まで働く夫は全くあてにならない。遅刻や早退が度重なり、少し職場に居づらくなった頃、第二子の妊娠が分かった。

つわりがひどく、一層、遅刻や早退が増えた。すると、社長はこう言い放った。

「採用してすぐこれでは困るんだよね……。うちも余裕ないから、悪いんだけど、働きたいならちゃんと出社してくれる？」

多恵さんは、つわりに耐えてなんとか出社しても、すぐにトイレに駆け込んで吐いてしまう。気分を悪くしてうずくまる多恵さんの肩を叩いて、社長は「もう、無理しないほうがいいよ」とつぶやいた。

まさに「肩叩き」、退職勧奨だった。

たまらず手をあげてしまった日

「子どもができたら、私は邪魔なのか……」

そう思うと、多恵さんは妊娠や出産を素直に喜べなくなっていってしまった。やがて男児を出産したが、娘と違ってよく泣く。子育ては慣れたかと思ったが、どうあやしても泣き止まない。

深夜、夫が帰宅して疲れて寝ている時に息子が大声をあげて泣き出すと、夫はイライラを多恵さんにぶつけるようになった。ちょうど夫は店長になったため、ストレスを抱えていた。誰にも相談できず、昼間は子ども二人と家に閉じこもる日々が続いた。

家計も苦しかった。夫は店長になったとはいえ、店長手当てが月に二万円つく程度。それればかりか、管理職だからと残業代は一切つかなくなった。年収は、ほとんど変わらない。「名ばかり店長」の夫だけの収入では、気晴らしに出かける経済的な余裕もない。多恵さんは、悶々としていった。

それでも、多恵さんは仕事を探してみたが、電話口で息子の泣く声が聞こえてしまうと「お子さんが小さいのなら、ちょっと難しいのでは……」と断られた。そんな時に限って、娘も「赤ちゃん返り」を起こして甘え出す。

わがままに応える余裕がなく、多恵さんは「静かにできないの?」と、娘をピシャリと叩くようになった。最初はお尻を叩いていたが、だんだん、顔や頭を引っぱたくようになっていく。一向に泣き止む気配のない息子の顔に、クッションをかぶせてしまったこともあった。

ハッと我に返り、「ごめんね」と娘や息子を抱いた。娘は自分の顔色を見るようになり、おどおどするようになった。

「子殺し」が他人事と思えない

多恵さんはだんだんうつ状態になり、ふと気づくと、泣きながら子どもを激しく揺さぶってしまうようになった。テレビでは、同じ年頃の母が子どもを殺してしまうニュースが流れる。他人事でないと思った。

夫は月に一日程度の休暇しかとれず、ランチタイム前の仕込みで午前一〇時頃から出社し、深夜二~四時まで働いている。「疲れて帰ってくるんだから、子育てくらいちゃんとして」と真面目に向き合ってくれないが、責めることはできない。

「このままでは、子どもを殺してしまうかもしれない」

多恵さんは、子どもを連れて実家に帰った。母を頼り、ようやく自分を取り戻した。

厚生労働省によると、全国二一〇か所の児童相談所が児童虐待相談として対応した件数は、一三万三七七八件（二〇一七年度、速報値）となった。毎年のように「過去最高」を更新し続けている。

厚生労働省の「子ども虐待による死亡事例等の検証結果等について（第14次報告）」によると、二〇一六年度中に虐待によって子どもが死亡した事例のうち、心中による虐待死事例が一八件（二八人）、心中以外の虐待死事例が四九件（四九人）とされている。心中以外で虐待死した子どもの年齢は、〇歳児が三二人（六五・三％）を占め、うち月例〇か月の子どもが一六人（〇歳死亡児の五〇・〇％）としている。これは、妊娠中や出産間もない時期に孤立した保護者の不安定さを物語ってはいないか。

これらの原因はさまざまだろう。しかし、経済情勢や雇用不安と児童虐待は、けして断絶した問題ではないことは確かだ。

出産に理解のない企業に価値はない

本章で見てきたように、正社員か非正規かを問わず、マタハラに遭うケースは多い。そして、一度離職してしまうと職場復帰が困難になり、やがて統計には表れない「中年フリーター」と化してしまうのが問題だ。

派遣先から「妊娠解雇」に遭った陽子さんのように、とにかく無事な出産を望む人は闘わずに泣き寝入りしやすい。実は、この三〇年間、第一子出産を機に五~六割の女性が無職になる傾向はほぼ一貫して変わらない。その中には、マタハラ被害者が数多くいたのではないだろうか。

また、マタハラは個人の人生だけでなくマクロ経済に及ぼす影響も大きい。

第一生命経済研究所の熊野英生首席エコノミストによれば、出産退職による「経済損失」は一・二兆円に上るという。熊野氏は、出産に伴い退職した女性を二〇万人と推定し(二〇一七年)、退職による所得減少を年間六三五〇億円と計算した。女性が辞めることで企業活動にもダメージがあり、これを企業活動の付加価値の減少分(経済損失)で計算すると、一兆一七四一億円になるという。

さらに、三〇歳で出産退職して四〇歳から非正規で働いた場合と、そのまま正社員として六〇歳まで就業を継続した場合とを比べると、通算年収で八三〇七万円の差が生まれるという。これを機会費用と考えると、マクロの経済損失は一二兆一〇〇〇億円にも上ると試算している。この現実を無視はできない。

会計監査の世界には「ゴーイング・コンサーン」（継続企業の前提）という言葉があるのをご存じだろうか。「継続企業に価値がある」という意味だ。つまり、倒産せず、ずっと存在する企業だからこそ、投資する価値があるのだ。

その観点に立てば、社員が継続的な就業をあきらめてしまうような企業、社員に目を配ることなくギリギリの経営をしている企業には、存在価値がないといっても過言ではない。社員自らが次世代を育めない企業が存続するわけがない。だが、一部の大企業を除けば望むべくもない話だ。ここに、日本経済が弱体化している実態が垣間見える。

重ねて言おう。妊娠は、未来ある人材を生み出すスタート地点だ。妊産婦を大切にできず、マタハラや「妊娠解雇」が横行する日本は、子どもの価値を認めていないのと同じではないか。言い換えるならば、人間そのものに価値を置かない社会だ。マタハラや「妊娠解雇」を放置し、容認するようなことがあってはならない。それは、国の基盤そのものが揺らぐことを意味するからだ。

安倍晋三首相は、内閣に「すべての女性が輝く社会づくり推進室」を置いているが、まずはマタハラについての知識が周知され、法が遵守されるだけで状況は一変するだろう。

ただし、医療、介護、保育の分野は働き方と国の制度が直結する傾向が強く、個々の職場での努力にも限界がある。そこに政治の出番があるはずだ。

倫理のない企業は、法制度を強化してもすり抜けるだろう。問題は根深く、解決に奇策はない。最終的には企業の意識が問われる。一方、社員一人ひとりを大事にする企業、多様な働き方を推し進めている企業は、確実に存在しているし、しっかりと利益を残している。

次章ではそうした企業の取り組みを紹介し、雇用の明るい未来を展望してみたい。そこには、二度と中年フリーターの悲劇を生まないためのヒントがあるはずだ。

第三章　良質な雇用はこうして作る

1　雇用のミスマッチをどう減らすか――富山県の場合

働きやすく、住みやすい県

雇用のミスマッチを解消することは、採用に関わる者にとって永遠のテーマだ。学生は大企業や有名企業を目指しがちだが、実際には門戸が狭い。たとえ入社できても、理想とのギャップを感じて早期離職をしてしまえば、フリーターへの転落が待っている。

こうした問題は、就職氷河期世代が「若者」だった頃からさほど変わっていない。しかし、早い段階で自分を育ててくれる企業と出会うことができれば、「中年フリーター」になるという悲劇が起こらなくて済むのではないだろうか。本章では、そのヒントとなり得る行政・企業の取り組みを紹介していきたい。

まず紹介したいのが、一〇年以上前から雇用のミスマッチを解消する取り組みを続ける富山県だ。富山県では、地元の中小企業と学生とのマッチングを図るため、継続してUIJターン就職に力を注いでいる。

UIJターンとは、いずれも大都市圏から地方へ移住する動きを指し、それぞれ出身地への帰郷(Uターン)、出身地以外の地方への移住(Iターン)、出身地近くの地方都市への移住(Jターン)を意味する。富山県は、地元の知られざる優良中小企業の紹介を積極的に行いつつ、地域の魅力も伝えることで「富山で暮らし、働く」という思いを引き寄せている。

事実、富山県が「働きやすさ」や「住みやすさ」に優れていることを示す客観的な指標は多い。

たとえば、富山県における一五〜三四歳の正規雇用比率は七七・八%で、全国一位の数値を誇る(総務省統計局「就業構造基本調査」)。女性が働きやすい環境でも知られ、出産や育児を理由に退職した人の比率がわずか一・七%で、全国で最も低い数値だ(同前)。また、女性の育児休業取得率は九八・一%(同前および富山県「賃金等労働条件実態調査」)、子の保育所等入所率は七二・四%(厚生労働省「社会福祉施設等調査」)で、待機児童はゼロを実現している。

また、勤労所得世帯の可処分所得は五〇万九五三五円で全国三位を誇る（総務省統計局「家計調査」）。持ち家率は全国屈指で、物価も全国平均を下回るため、「住みやすさ」という点でも申し分ない。

富山県は伝統的にものづくりが強く、医薬品の生産金額では全国トップを走る。ＹＫＫや不二越など優良企業を数えればきりがない。また、ニッチな市場で圧倒的なシェアを誇る企業が多いことも特徴だろう。たとえば、サンエツ金属のカメラレンズ着脱部マウントは世界シェア九〇％、富山村田製作所の高速通信対応の高機能スマホ部品「メトロサーク」は世界シェア一〇〇％のオンリーワン企業だ。

筆者が富山県の雇用に関する取り組みを取材するようになってから、もう十数年が経つ。そのきっかけは、二〇〇四年に発表された新卒フリーター比率の都道府県別ランキング（旧ＵＦＪ総合研究所）で、富山県が全国で最も低い数値だったことだ。

フリーター比率が低いのはなぜだろうか。その裏側には、県の熱心な取り組みがあったことが取材を通して分かってきた。たとえば富山県では、国公立中学校の二年生に対して、地元企業で五日間の職業体験を先進的に義務付けてきた。「一四歳の挑戦」と称されるこの取り組みは、間違いなく職業意識を育てる一因となっているだろう。

また、二〇〇五年度から始まったUターン就職セミナーも画期的だった。もともと富山県は「勤勉な県民性」で知られるが、Uターン就職はその県民性を表すかのように継続し、年々進化していった。

優良中小企業と学生をつなげる仕組み

数あるUターン就職事業のなかでも、富山県の本気度が伝わってくるのが、二〇一六年に始まった「とやま就活バスツアー」だろう。夏休み中の大学三年生をターゲットに、県内企業二~三社をバスで回るイベントだ。いくつかのコースがあるが、各コースの定員は二〇人に設定し、会社説明会、職場見学、若手社員との座談会が行われる。

筆者は、二〇一六年八月二五日に行われたツアーに同乗して取材した。集合場所となったJR高岡駅には、暑い日差しのなか出発三〇分前に到着している学生がいた。黒いスカートに白いシャツ姿の女子学生に「早いですね」と声をかけると、「何かあって遅れたらいけないので」と真剣そのものだ。

バスが出発すると、富山県商工労働部労働雇用課の山本慎也主幹（当時）が「百聞は一見にしかず。質問する時間も用意しています。隣になった人とも情報交換をするなど、バスのなかでは気楽にしてください」と学生たちに優しく声をかけていた。

午前九時三〇分、北陸コカ・コーラボトリングに到着した。企業概要の説明があったのちに工場を見学すると、あまりの規模の大きさに学生らは目を見張った。会議室で行われた質疑応答では、Uターン就職した三年目の女性社員が対応していた。

二社目となるハウスメーカーの石友ホームでは、全員がヘルメットを着用して、建築木材を加工する現場に案内された。住宅業界には異業種が参入しており、何万点もの部品を使う裾野の広い業界でもある。人事・採用担当者は「いい人材が集まってはじめて企業は成り立つ。地域に密着して営業店舗を構えることで、県内シェア一位になるまでに成長しました」と説明をしていた。同社からは、Uターン就職で入社した若手三人も登場し、自身の就職体験について語っていた。

最後に訪問したのは、創業一〇〇周年を迎えた鋳物メーカーの能作だ。同社は伝統的な仏具や茶道具などを作ってきたが、曲がる食器、テーブルウエア、ぐい呑みなどの新しい商品を開発して大転換を図っており、今や全国各地に商品が置かれている人気ブランドとなった。その歴史が語られると、学生たちは熱心に耳を傾けていた。

きっかけは、二〇〇一年に起きたある出来事だった。ある親子が工場見学にやってきた際に、母親が小さな子どもに「よく見なさい。ちゃんと勉強しないと、ここの職人みたいになるわよ」と言ったのが、能作克治社長の耳に聞こえてきた。ショックを受けた能作社長は「なぜ職人の地位が低いのか」と奮起し、新たな製品の開発に乗り出した。

まずは、錫《すず》の音の良さを活かしたハンドベルを作ってみたが、これは売れなかったという。「これを風鈴にしたらいいのに」という販売員の提案をきっかけに、風鈴を作ってみると好調な売れ行きを示したが、季節性があるために一年中は売れない。そこで食器の開発にチャレンジすることになったという。

錫は抗菌性に優れてさびないというメリットがある一方、柔らかくて曲がってしまう難点があった。だが、曲がらないよう厚くすると重すぎる。一年もの試行錯誤が続いたが、デザイナーが「曲がってしまうのであれば、曲げて使う商品にすればいい」とひらめき、ヒット商品の「KAGO」が生まれた。果物かごに使ったり、花瓶の一部に使ったりできる。この商品が瞬く間に売り上げを伸ばすと、高齢の職人による町工場だった同社は、東京、名古屋、大阪、福岡にも直営店を出すまでになった。こうした成長ドラマに、ツアーの学生たちは引き込まれていた。

取締役で社長の娘の千春さんも、ほかならぬUターン組だ。

「大学卒業後は神戸でアパレル雑誌の編集者として働いていました。でも、華やかな仕事をしていても、従業員の多い大きな会社では自分で作り上げている実感がしなかったのも事実。このまま都会で過ごしていいのか、富山に帰ったほうがいいのか、と葛藤しました」

自らの体験を語る千春さんの言葉に、学生たちは熱心に耳を傾けていた。千春さんは神戸を離れ、富山に戻って家業を継ぐことにした。結婚や出産のことも考えたうえでの決断だったという。

「小さい会社だからこそ、いろいろなことに挑戦できます。子どもに『ママの仕事かっこいいね』『私も能作で働きたい』と思ってもらえるようになるのが、今の目標です」

千春さんがそう語ると、女子学生が次々に駆け寄っていき、質問を重ねていたことが印象的だった。

バスツアーで回る会社は、富山県が戦略的に選定している。学生が好みそうな目玉となるネームバリューのある企業は大事だ。しかしそれだけでなく、学生にとってはまだ身近に感じないものの、ニッチ市場で成果を残す地元の中小優良企業を組み合わせることで、UIJターンを促進しているのだ。

名古屋の大学に通うある男子学生は、「石友ホームの名前は知っていたが、こうした機会がなければ、会社説明会に行くことはなかったと思う。また説明会に参加したい」と関心を示していた。前述した富山県の山本主幹は「県内の企業に興味を持ってもらいたい。普段は見学に行かないようなところだったとしても、ツアーに組み込まれることで知る機会になれば」と語る。

学生たちの声を聞く限り、その狙いは功を奏しているようだ。雇用の質が問われている昨今、こうした取り組みがますます必要になるだろう。

「就活女子応援カフェ」での一コマ

富山県の取り組みをもうひとつ紹介しよう。二〇一五年一一月からスタートした「就活女子応援カフェ」だ。富山のみならず、東京、名古屋、京都などで開催されている。

同イベントには富山県の企業に勤める女性社員が参加し、女子学生は彼女たちとお茶をしながら、リラックスした雰囲気で企業を知ることができる。また、就職活動で印象の良いメイクを教えるメイク講座、インターンシップの準備講座など、時期に応じたプログラムも用意されている。

二〇一六年一一月、筆者が女子カフェの東京会場に足を運ぶと、石井隆一知事が二〇人前後の女子学生を相手に富山をアピールしていた。

「富山県のUターン就職率は高いことで知られています。住宅環境、子育て、教育環境の水準も全国屈指。若い人や女性から選択してもらえる県になりました。ぜひ今日は富山県の良さを知ってもらいたい」

会場には六つのテーブルが用意され、それぞれ企業の担当者一人に対して学生三人で、カジュアルな雰囲気が演出されている。この日のゲスト企業は六社で、北陸銀行、北陸電力、ベビー用品やペット用品のリッチェル、スーパーマーケットを展開するアルピス、電子部品を手掛ける富山村田製作所、自動車・オートバイ用部品メーカーの田中精密工業とバリエーションに富む。

カジュアルさが売りのため、学生の質問にも遠慮がない。ある学生は「子育てをしながら働いて不満はないのか」とストレートに問いかけていた。これに対して田中精密工業の担当者は「育児休業の取得後に復帰しても皆優しい。出産と仕事の両立について学生の頃から考えているなんて素敵ですね」とにこやかに答えていた。別のテーブルでは、学生が「辞めたいと思ったことはないですか」と思い切った質問をしていたが、こんな質問が出るのもカフェ方式ならではで、テーブルではどっと笑いが起こっていた。

こうした取り組みも、雇用のミスマッチを防ぐ効果がありそうだ。

リッチェルの担当者が「自分が営業した商品が店頭に並ぶと、本当に良かったと思えます。営業職は楽しいということを伝えたかった」と話せば、参加した学生も「地方公務員が第一志望だったが、バスツアーに参加して民間企業への就職も面白そうだと感じ、就職カフェに参加してみました。次の女子カフェもぜひ参加したい」と明るい表情を見せていた。

また、この日は女子カフェの終了直後、すぐ近くのビルで「元気とやま！　就職セミナー」が行われていた。こちらの会場でも、やはり石井知事が挨拶をしていた。パワーポイントを使いながら、富山がいかに暮らしやすいか、富山湾は世界で一番美しい、などと力説する知事の姿に、学生たちは「知事をこの目で見る機会なんてそう滅多にない」と囁いていた。石井知事は、ほとんどの回で登壇するほどの熱心さだ。

筆者は過去に何度も「元気とやま！　就職セミナー」に足を運んでいるが、会場は毎回熱気に包まれている。こうした取り組みが日本全国に広まれば、雇用のミスマッチは減少していき、中年フリーターになってしまう可能性も下がるのではないだろうか。

このような富山県のUターン就職支援は、ますます広がりを見せている。二〇一七年二月には、大学三年生を対象に業界・企業研究を目的とする「富山へUターン！ キャリアフォーラム（大規模業界研究会）」を初めて開催したが、ここには定員一三〇人を超える学生が参加。急遽、席が増設されるほどの盛況ぶりだった。

同フォーラムには、富山県の有力企業三〇社が集まっていた。学生が各社ブースを回っていくだけだと、人気企業に学生が偏ってしまい、雇用のミスマッチが起きかねない。それでは大規模な企業説明会と何ら変わりはない。

そこで、県は工夫を凝らすことにした。参加する学生に対して、説明会で話を聞きたい企業をあらかじめ四社挙げてもらう一方で、四社は県が指定した企業で話を聞いてもらうことにしたのだ。そして、フォーラムに参加申し込みがあった時点で、バスツアーや女子カフェなども案内する。その結果、フォーラムの翌週に予定されていたバスツアーは、六コース全てが予約で埋まっていた。

筆者は、前述の女子カフェで積極的に質問をしていた私大文系の女子学生の一人と、「元気とやま！ 就職セミナー」や「富山へUターン！ キャリアフォーラム」でも顔を合わせた。彼女と連絡先を交換すると、後日、富山県の代表的なメーカーの技術職で内定が出たと連絡をもらった。富山県の施策は確実に成果を挙げているといえそうだ。

「中年フリーター」への入口を閉ざす取り組み

富山県は、中小企業の人事担当者への研修にも余念がない。

二〇一六年、筆者が富山県の「県内企業採用力アップ研修」に足を運ぶと、県内中小企業の人事・採用担当者ら三〇人が顔を揃えていた。こちらも満席状態で、売り手市場で競争が激化するなか、皆が必死な様子だ。

この日、研修を担当していたのはオレンジマート元役員の辻素樹氏。オレンジマートは県内でスーパーマーケットを展開する企業で、同社役員時代の辻氏は、ライフステージに合わせてパートと正社員の転換を自由に選択できる制度を作った立役者として有名だ。現在は、富山県の嘱託職員になって就職関連事業のアドバイザー役を務める。

「富山県の高校生の約五割が都市圏に進学し、県内の大学に進学する学生が減ってきている。どこに学生がいるかを把握して、採用活動に取り組まなければならない」

辻氏はそう力説していた。富山の高校生は、石川県、東京都、愛知県、京都府などに進学していく。学生たちは、大学内で行われる会社説明会に参加する傾向があり、企業も大学に出向いて採用活動を行わなければいけない。企業の採用担当者は学校のキャリアセンターに足を運び、密な関係を作る努力をする必要がある——。辻氏の持論は、富山県の問題意識とも重なり合う。

この日の研修では、東京からやってきた大谷茂氏が、首都圏の採用活動状況や学生の傾向について解説していた。同氏は、国士舘大学キャリア形成支援センター事務部長で、全国私立大学就職指導研究会の会長も務める人物だ（現在は副会長）。大谷氏は「アルバイトで生活している学生も多く、富山への旅費が捻出できない。企業が片道でも出してくれると積極的になれる」と話すと、企業の採用担当者らは熱心に耳を傾けていた。

実際、県外学生への支援は拡充した。富山県外の学生が、県などが主催する合同企業説明会に二回以上参加した場合、居住地と会場の往復にかかった交通費（一往復分）の半額まで、一万円を上限に県が補助するという。

新卒だけではない。最近では、結婚や出産のタイミングでのUターンを考える層の囲い込みにも乗り出した。それが「三〇歳の同窓会·inとやま」と称するイベントだ。二六〜三五歳を対象にした同イベントでは、就職を考える「Uターンカレッジ」や懇親会「とやまでどーんと大同窓会!!」が催され、情報提供と出会いの場を提供している。

前述したように、筆者が初めて富山県の雇用施策に関心を持ったのは、もう一四年も前のことになる。当時、取材の窓口になってくれた山本慎也主任（当時）は、その後に他部署への異動を経て、主幹という立場でUターン就職を管轄する部署に戻っていた。その山本主幹は、富山県の取り組みについて次のように語る。

「富山県は高校生の内定率がほぼ一〇〇％で、リーマンショックの後も落ち込まなかった。県内の中小企業経営者は、苦しい時も例年通りに採用してくれた。『一四歳の挑戦』についても、不景気を理由に協力企業が減ることはありませんでした。つながりを大事にする富山県らしさがあると思います」

富山県のUターン就職率は、調査を開始した二〇〇六年三月時に五一・三％だったが、一八年三月に五八・二％まで伸長した。これも、県行政が常に施策を受ける側の立場になって考え、地道に積み重ねてきた結果だろう。中年フリーターを生み出す「入り口」の問題は、こうした取り組みが広がれば大きく解消されるはずだ。

また、これから労働力人口が激減していくなかで、こうした施策が就職氷河期層にまで広がっていくことを期待せざるを得ない。ある専門商社の社長は「中年フリーターとはいえ、できる仕事は十分にある。丁寧に教えていけばスキルアップも可能なはずだ」と採用意欲を見せており、決して稀有な例ではない。ここに、一筋の希望の光が見えるかもしれない。

2 皆を幸せにするオーダーメイド雇用――小野写真館の場合

働き方は無限にある

「その人に合った働き方を作るため、働き方は無限にある」

小野写真館(茨城県ひたちなか市)の小野哲人社長は、「オーダーメイド雇用」を打ち出し、社員の家庭の状況などを細かく聞き取って、柔軟な働き方を実現している経営者だ。

同社は一九七六年の創業で、もともとは「街の写真屋さん」だった。カメラのデジタル化やスマートフォンの登場などで業界の環境が激変するなか、小野社長は二〇〇六年、三〇歳で事業を継承して経営の多角化を図った。

規模の小さかったブライダルフォトを独立させ、ブライダル事業を立ち上げた。本店に作ったウエディング複合施設「アンシャンテ」は、少人数挙式用のチャペル、フォトスタジオ、ドレスショップ、ブライダルエステサロンを備えている。また、本店フォトスタジオのほか、神奈川県横浜市や千葉県柏市などの県外にも、成人振袖事業を行う店舗「二十歳振袖館Ａｚ（アズ）」やファミリー向けフォトスタジオ「Ｃｏｃｏａ（ココア）」などを出店した。

二〇一八年八月現在で合計二九店舗を展開しており、直近の売上高は一八年九月期で約一六億円だ。従業員は正社員一〇八人、短時間社員が一四人、パート・アルバイトが五六人の合計一七八人。

サービス業の離職率は総じて高い。厚生労働省の「雇用動向調査」（二〇一七年）によれば、生活関連サービス業・娯楽業の離職率は二二・一%と高く、宿泊業・飲食サービス業の三〇・〇%に次ぐ数値だ。一方で、近年は慢性的な人手不足に悩まされ、人の出入りが激しい業界だといえる。

小野社長は「サービス業で働く人の八割が女性。家庭と両立しながら長く働くことのできる環境を整備しなければ、人材が定着しない」として、オーダーメイド雇用を導入した。具体的には、結婚や出産を機に退職しなくていいよう、一人ひとりに合わせて自由度の高い働き方にした。

家事や育児に家族の協力が得られるかどうかは、事情も価値観もそれぞれに異なる。独身のうちはバリバリ働くが、子育て中は週二〜三日で扶養の範囲内で働きたいというケースもある。同じ人であっても、独身時代、結婚後、子育て中、介護中など、ライフステージによって働き方は自然と変わってくる。あるいは、仕事イコール生活というスタイルでも問題ない。

出産による離職を避ける仕組み

小野社長は「それぞれの働き方で、それぞれが描く夢を一緒に叶えていこう」と言う。

正社員は週五日のフルタイム。短時間社員は週五日働くが、就業時間は個々に設定することができ、一〇〜一六時、一三〜一八時、一一〜一七時などさまざまだ。子どもが待機児童になり、子連れ出勤している社員もいた。パートは個々が働くことのできる日と時間に応じて働く。

正社員と短時間社員には、子どもにかかる保育料の半額が支給される。また、二〇一八年二月からは一定の条件付きで在宅ワークが可能になるなど、働きやすい職場作りに余念がない。男性の育児休業取得も促進しており、第一号が生まれている。

子育てしながら働く女性にとって一番の心配は、保育園からかかる呼び出しの電話ではないだろうか。小野社長は次のように語る。

「三七・五度前後の微妙な熱での呼び出しは、母親にとってストレスになる。しかし、そうした場合にこそ休みやすくするなど、子育て世代に手厚い労働環境にしなければ、人材は確保も定着もできない」

「独身の社員であっても、自分の将来を考えればお互い様。そこを社員同士が理解し合い、助け合う風土を作ることは、お互い忠実に仕事へと向き合うことにつながります」

働きやすい環境作りは、結果として企業へのロイヤルティを高め、企業を支える力となる。小野社長の意図もそこにあるのだろう。また、小野写真館では「シングルマザーは力強く活躍してほしい」と、ひとり親の社員には家族手当を倍額支給しているという。

同社で働いて約一二年、シングルマザーの小島めぐみさんは、無期雇用を前提にしたパート社員だ。保育園に通う二人の子どもを育てながら、コーディネーターとして夜七時まで働いている。帰宅するのに一時間かかるため、子どものお迎えは実家の親にお願いしている。

写真館は土日が稼ぎ時だ。小島さんも子育て中のため土曜は休むが、日曜は出勤するという。子どもが熱を出して休む時、小島さんが申し訳なさそうに謝ると、小野社長は「しょうがないでしょう。皆、回ってくるから。若い子がこれから出産する時に頑張ればいいだけ」と言ってくれた。

「正社員だと、閉店後にお客様が残っていれば残業となる。子どものことを考えると、夜七時がタイムリミット。しばらくは、このスタイルで働きたい」

小島さんは、もともとは美容師として働いていた。二七歳の頃に、ブライダルのヘアメイク技術を身につけるため、ホテルのブライダル部門に転職。ヘアメイクを覚えるうち、着物の着つけの勉強にも手を伸ばしたいと思った。しかし、職場の方針は縦割りで叶わない。ヘアメイクと着つけの両方ができる職場を探すと、それが小野写真館だった。美容師の世界では、雇用が不安定で福利厚生もないに等しかったが、小野写真館は社会保険にもきちんと加入される。すぐに心が決まった。

撮影時のヘアメイクや着つけはもちろん、衣装の仕入れや小物のコーディネートも行う。成人式は大きなイベントだが、そこでスタッフの手配を組むのも小島さんの役割だ。スタッフの力量を見て着つけも教え、必要に応じて研修も行う。社員たちから悩みを打ち明けられる姉御肌だ。

子ども向けに、衣装のデザインもする。自ら衣装や髪飾りの絵を描いて生地を選び、洋裁師と打ち合わせて試作する。顧客から直接意見を聞けるため、「かわいい」と喜んでもらえた時は、素直に嬉しい気持ちでいっぱいになる。

「ただただ、仕事が好き。好きなことを仕事にできる」

小島さんは充実した日々を過ごしている。同社では、小島さんのほか、五人の女性が小学生未満の小さな子どもの育児と両立して働いているという。

中年層雇用への意欲

日本の労働力人口は確実に減少していく。総務省統計局の「労働力調査」によれば、二〇一七年の労働力人口は六五三〇万人（完全失業者を除く）だが、二〇三〇年には五八八〇万人にまで減少するとの試算がある（みずほ総合研究所）。企業にとって人材確保は最重要課題だ。

小野社長もその点を懸念していた。

「五年後、一〇年後、サービス業は人を採れるだろうか。主婦や子育て中の女性、あるいは『ブランクはあるけどまた働きたい』という四〇歳前後の層を雇い入れていかなければば、企業成長は止まってしまいます。しっかりと女性を組み込んでいくことができる企業が、今後は生き残っていくはずです」

中年層の雇用にも積極性を感じさせる言葉だ。そして、こうも語っていた。

「子育てを経験すると、成長して職場に戻ってくる。出産などで仕事を離れた人にもぜひ戻ってきてもらいたい。一七時で帰る四〇代の女性店長がいてもいい」

一般的に、中途採用は条件が不利になりがちとされる。しかし、小野写真館では中途採用で部長に抜擢されたケースもあるという。

二〇一五年度からは、人事部に採用専任の社員を配置して採用に力を入れている。それまでは専門学校の卒業者が多かったが、茨城県内での知名度が上がり、茨城大など四年制の大卒者の採用も増えてきた。大手企業の内定を辞退して就職を決める学生もいる。今後、全国展開を進めるなかで、店長や幹部候補となりうる人材を積極的に育てていく方針だ。小野写真館では、男女も学歴も関係ない。

こうした多様な働き方の多様な社員が支えになり、業績は順調に伸びている。

川上に立つビジネスを

先にも触れたように、小野写真館は、もともとはごく一般的な「街の写真屋さん」だった。小野社長は、大学卒業後は金融機関に就職。もともと家業を継ぐ気はなかったが、「街の写真屋という家業を企業にしたい」という思いが芽生えての転身だった。

それまでは、七五三、成人式、結婚式、学校のアルバム、ピアノ発表会などなんでも引き受けていた。しかし、「一〇年後を想像すると、個性のない写真のデパートが生き残ることはできない」と、規模の小さかったブライダルフォトを独立させ、ブライダル事業を立ち上げた。二〇〇六年のことである。

ターゲットは、三〇〜六〇人の規模感のウエディング。既存のサービスは八〇〜一〇〇人の規模を狙いにしていることが多いため、少人数挙式をターゲットにして差別化した。本社に作ったウエディング複合施設「アンシャンテ」は、川下の立場に甘んじるのではなく、川上に立つという意思表示でもあった。ブライダルの世界は、ドレスの持ち込みもできないような独特の慣習があり、いつも下請けが泣かされてきた。

小野社長は「建設のために数億円の借金を背負ってでも、自分たちでサービス価格を設定できる川上に行こう」と、下請けからの脱却を図った。成人式の写真撮影も、ビジネスにするためには、呉服屋の下請けでいるのではなく、振袖のレンタルから手掛けたほうがいい。衣装や美容も内製化することでコストダウンできるし、顧客にとってもマージン分のコストが軽減される。ウエディング関連市場は二兆四九九〇億円規模（矢野経済研究所）。大きなマーケットに打って出ることになる。

社長就任から五年ほどは、苦労の連続だった。二期連続赤字となり、役員報酬を得ずに自分の貯金も運転資金に投入した。だが、アンシャンテのオープンを皮切りに、成人振袖事業店舗の「二十歳振袖館Ａｚ」を展開すると、そこで撮影した写真集『二十歳図鑑』を発刊するなどして話題を呼んだ。

フォトスタジオ事業は七五三や家族写真がメーンだ。一九九五年より導入された、継続的な顧客獲得を狙う五年間の会員制システム「ラヴリーストーリー」も好調。年に一度は写真を撮るという顧客が年々増えており、本店だけで五四〇〇組に及ぶ。なかには、茨城県とは縁もゆかりもなく、兵庫県から撮影を依頼する顧客もいるという。クリスマスやハロウィンなどはもちろん、家族全員が「ウォーリーをさがせ！」の衣装を着たり、野球のユニフォームを着たりと、その家族らしい写真を撮影していく。

ファミリー向けフォトスタジオ「Ｃｏｃｏａ」は、貸し切りでの撮影になるため、ゆっくりと撮影ができるのが特徴だ。子どもが泣いている姿もはしゃいでいる姿も、ありのままに撮ることができる。二〇一二年に一号店が茨城県つくば市にオープンし、六年の間に首都圏で九店舗にまで拡大した。

ブライダル事業では、結婚が決まって式を挙げようと思っていても、何からしていいか分からないという顧客のため、細かなことから相談に乗っていく。さながら、結婚情報雑誌「ゼクシィ」のリアル版のようだ。

アンシャンテで結婚式を挙げたカップルに子どもが生まれれば、その子の七五三や成人式などで、フォトスタジオを利用してもらえる。小野写真館の事業は「生涯顧客化」ができるという。

小野写真館の採用戦略

小野写真館では、現在、売上高の五割をブライダル事業が占めている。毎期二〇%成長に向けて、採用や人材への投資を大胆に行い、二〇三〇年には売り上げ一〇〇億円を目標としている。この中長期計画を実現するため、先行投資して新卒採用も積極的に行う。

新卒採用は、事業規模からすれば年間一〇人程度が適正だが、人を育ててから出店するため、およそ一五～二〇人を採用している。Uターンはもちろん、Iターンでの採用実績もあるほどだ。

現在、人手不足による「雇用倒産」の時代が懸念されている。だが、小野社長はもっと早くから「人事倒産」の時代がくると予想していた。

「サービス業にとっては人が要となる。企業に魅力がなければ人は採れない。同じ船に乗って、向かう先を見つける。入社してワクワクする、生きがいを感じる。儲けたいというだけなら、この仕事ではない。ただ給与が上がればいいということでもない。自分の仕事ぶりをきちんと評価してもらえることが重要です」

茨城県を地場とする人材紹介会社キャリアプラスの転職エージェント青木達雄さんは、次のように話す。

「小野写真館のように成長する企業は、採用にコストをかけて労を費やしている。新卒採用では面接試験を何度も重ね、会社説明会や面談など直接コミュニケーションする機会を増やしている。世間一般で経営者は「人は宝」と言いながら、実際には大事にしていないことも少なくない。中小企業がゼロから育てる新卒採用をしようというのは覚悟のいること。業績が伸びている企業は、本当に社員を大事に育てている。

地方にも魅力ある企業は意外と多いが、Ｉターンで採用できる企業は滅多にない。えてして中小企業は、大企業の採用活動が終わってから、そこでこぼれ落ちた学生を狙いがちです。しかし闘う中小企業は、一流大企業と同じ土俵に上がって人材を採りにいく。そこでなぜ自分たちが選ばれないかを知ることになり、企業が変わっていく。こういう企業が増えると、地方にも活気が出ます」

就職説明会での一コマ

二〇一七年四月、筆者は都内で行われた小野写真館の新卒採用説明会に足を運んだ。会場では一三人の大学生が参加。開始前の緊張する時間、人事部の堀越愛加さんがアンケート用紙を配布しながら、気さくな様子で学生たちに声をかけていた。

「今日は、神奈川県からやってきた方が多いですね。私たちは、茨城県の水戸の隣、ひたちなか市から来ました。一九七六年七月の創業ですから、四〇年になります。社員は、パートやアルバイトも含めて一六五人。この四月には二子玉川にも新店をオープンしました」

学生たちは目を見張り、熱心にメモをとりながら説明を聞いていた。写真館と聞くと専門性を要する職業に思う方も多いかもしれないが、専門的な勉強をしてこなくても好きであればよい。資格を持っていなくても、一人前になって活躍する社員は多いという。

「一三年前は本店しかなかったけれど、一七年四月で二一店舗にまで拡大している。若いスタッフにチャンスがあって、成長できる環境です。そして、お客様と一生のつきあいができる、未来に続く幸せの連鎖が生まれる」

堀越さんが学生たちにそう話すと、小野社長がこう続けた。

「誰と仕事するか、が大事です。人生の七〜八割は会社で過ごすことになる。これからの人生、どこの企業に身を置くのか。今日はオープンに会社や私の考えを話すので、われわれのことを判断してほしい」

小野社長が家業を継ぐため、本格的な写真の勉強をしようと米国に留学していた際、新潟県中越沖地震が起こった。インターネットで震災の様子を伝える記事を読むと、被災者が持って逃げたのは、財布でも携帯電話でもなく、写真だった。一瞬でも死を覚悟した人が手にとったものが写真だったのだ。たった一枚の写真に、これからの人生を強く生きていけるくらいの価値がある。写真の大切さを目の当たりにした。

「私たちが売っているのは、写真ではありません。写真を見た時の感動、撮る時の楽しさです。写真の価値は、一〇年後、二〇年後に膨らみます。そんな写真の価値を世の中に広めていく仕事をしたいと思う人は、次のステップに進んでほしいと思います。他にも会社という船はたくさんあるけれど、小野写真館グループの船に乗るか、乗らないか」

その迫力に、息をのむ学生もいた。結果、二〇一七年度は二二人が就職を決め、二〇一八年四月から働いている。

「この会社を辞めることはない」

説明会には、七年目と一年目の社員も参加していた。新卒で店長に抜擢された大津祐佳さんは、茨城県で生まれ育ち、そのまま地元の大学に進学した。友人たちは大手企業に就職した。

母親は、大津さんに公務員になってほしいようだった。小野写真館への就職が決まると、母親がポロッと「あなたは妥協して小野写真館に入るんでしょう」と口にした。大津さんは、「正直、悔しかった。私がこの会社を大きくしよう」と強く思った。

学生が「入社を決めたポイントは?」と素朴に問うと、大津さんは等身大の言葉で次のように語っていた。

「なんだか知らないけど、ワクワクした感じ。この会社が一番いいと感じた。面接が進むごとに会社が好きになっていった。ボランティアサークルに入った理由を聞かれ、イケメンの先輩がいたからと答えても、受け入れてもらえました。素の自分で挑戦でき、自分の居場所と思えた」

大津さんは二〇一六年四月に入社し、わずか半年で「二十歳振袖館Ａｚマルイファミリー溝口店」の店長となった。その不安とプレッシャーは大きかったが、そんな時は先輩社員を頼った。深夜一時半に携帯電話を鳴らすと、先輩は一時間も話につきあってくれ、「気負わず、素のままの自分で頑張ればいいんだ」と考えることができた。銀行員の父親が、ふいに「小野写真館、最近すごいみたいだね」と口にすると、心も弾んだ。

大津さんは「仕事をバリバリやりたい。生涯、働いていきたい」と思って就職活動をした。もし結婚したら、どう思うかは分からない。自分が幼い頃に看護師を辞めて専業主婦となった母の後ろ姿にも感謝している。自分もそうなるのかは未知の世界だが、「働き方の選択肢があるため、安心だ。この会社を辞めることはないだろう。私は一緒に成長していく」と確信できる。

共に働くチームを組むため、小野社長は「採用に命を懸ける思いで力を注いでいる」と話すが、その言葉は決して大げさなものではないだろう。

3　社長の仕事は「人の目利き」――ノーブルホームの場合

「事業は人を育ててこそ」

同じく「人の目利き」という社長本来の役割を堅持することで、業績を伸ばしているのが、茨城県のハウスメーカー・ノーブルホームだ。福井英治社長はこう断言する。

「社長の仕事とは、雇用する社員の目利きをすること。採用では相手の能力や性格を見て、人事では社員の仕事ぶりと人となりを見る。自分の時間の六割は、人を見ることに費やしています。人の成長なくして企業の成長はありません。その人の可能性を引き出し、活躍できるステージを用意するのが社長の仕事です」

ノーブルホームは一九九四年の設立で、もともとは高校教諭だった福井社長が起業した。注文住宅の請負・設計・施工管理、建売住宅の施工販売、さらにはアフターサービスまで、住宅に関する一連のサービスをワンストップで行う。茨城県水戸市に本社があり、従業員数は二〇一八年四月一日現在で三七一人。茨城県内を中心に、隣接する栃木県を含む一八か所で展示場を展開。一八年一〇月には千葉県にも進出を控えており、拡大路線を走っている。

会社の業績は好調だ。二〇一五年九月期の売上高は一二八億四二〇〇万円だったが、一六年九月期は一三二億四〇〇〇万円（前期比三%増）、一七年九月期は前期比二〇%増の一六一億一〇〇万円と伸長している。

同社が手掛ける住宅は、上品でデザイン性にあふれる外観、住み心地の良さを追求した設計にこだわる。ライフスタイルに合った間取り、内装インテリアのコーディネートにも定評がある。自然の素材を重視した和モダン住宅「季乃家」、難易度の高い大開口の吹き抜けなどを実現する最上級の「ＧＲＡＤＩＡ（グラディア）」、価格重視の「ＣＥＬＥＳ（セレス）」など、商品ラインナップが多いのも特徴だ。

また、新規事業も次々と立ち上げている。主力の注文住宅事業や建売住宅事業、土地分譲事業、不動産仲介事業のほか、集合住宅事業、戸建賃貸住宅事業、リフォーム事業、保険・金融事業、インテリア事業なども手掛ける。

一般的に、商品ラインナップを少なくすれば経営上は合理的になる。だが、同社はバリエーションに富んだ商品構成を重視する。手間暇かけて家を作ることで、顧客の期待値が上がるからだ。デザインと性能を両立させ、そのうえでコストパフォーマンスも高いのが住宅の理想で、それを社員がチームになってしっかりと顧客に提案する方針だ。

福井社長はこう語る。

「企業の成長には、社員を増やすことが必要です。商品を増やし、社員を増やす。『顧客の個々のニーズに応える』という真の意味での注文住宅を実現するためには、非合理的でなければなりません。その非合理性で当社は差別化を図っています。だからこそ、社員が当社の強みといっていい。事業は人を育ててこそ成功するのだと思います」

同社によれば、注文住宅の年間の成約件数・成約率は同業他社の二倍で、県内シェアは約五％だという。創業以来、県内で四五〇〇棟の家を作り、茨城県ビルダー着工棟数ランキングでは複数回にわたって首位を獲得した。利益率も良く、経常利益率は一六年九月期で九・一％、一七年九月期で一〇・一％となる。二〇二四年には、売上高五〇〇億円（シェア二〇％）、社員数七五〇人を目指しているという。

ノーブルホームの採用戦略

では、肝心の採用戦略はどうなっているのだろうか。

ここ数年、新卒は二〇～三〇人程度、中途で七〇～八〇人程度を採用している。二〇一七年四月からは大工を目指す人材も採用しており、大工職人も増やしていく方針だ。また、社員からの紹介・推薦で採用選考を進める「リファラル採用」も新たに導入。同制度は内定率が高く、今後も拡大していくという。

福井社長は「人を育てることが企業を成長させる。有言実行の責任が社長にはある」と、採用や人事に余念がない。実際、社長自ら採用活動に関わることも珍しくないという。

たとえば、新卒向けの合同説明会では、同時に一次選考を行い、この時点から社長が詳しく会社の理念などを説明する。二次選考、三次選考を経ると、最後に学生は社長を前にしてプレゼンを行う。なぜその大学を選んだのか、なぜノーブルホームで働きたいと思うのか、人生の分岐点にある時、どんな判断をしてきたか——。そして、三〇歳になった頃、どんな自分でありたいかも問われる。福井社長が採用面接で注視するのは、その人がどのような意思決定をしてきたか、チームのなかで一生懸命やってきたかどうか、だという。

不動産業にとって最も大事なのは目利きの能力で、どんな物件を手にするかによって会社の業績は大きく左右される。福井社長は、不動産の目利きは人の目利きにも通じると語っていた。内定が出ると、社長が直接、内定通知を手渡す。

新卒採用は、最終的に地元の金融機関との奪い合いだ。銀行ブランドの壁は依然として高いが、福井社長は「当社の魅力、社員の魅力に共感する人が入ってくれる」と話す。採用企画室の大竹祐次課長も次のように語る。

「企業に魅力を感じてもらうためには、業績の安定感と将来性が必要です。そのなかには、社員の魅力や人事制度の魅力も含まれる。住宅メーカーはハードが売りというイメージがあるかもしれませんが、売る側に人としての魅力がなくてはなりません。採用面接を通して、住宅関係に興味はなかったという人が、当社社員の魅力に惹《ひ》かれて入社を決めたという例も多い」

実際、二〇一二年四月に入社した採用企画室の東茜さんは、就活中当時、ノーブルホームと地元金融機関とで迷っていた。しかし、最終的には次のように考えて、入社を決めたという。

「社長や人事担当責任者の人柄に触れ、ノーブルホームに惹かれました。銀行に入っても、大勢いる一般職のなかの一人。けれど、ノーブルホームなら東茜として仕事ができるのではと思いました」

採用試験では、最初から社長が同席し、学生からの質問に丁寧に答えてくれたのが印象的だったという。入社後も社長は近い存在で、悩みを聞いてくれる頼れる存在だ。

福井社長は、週に三回ある会議や面談を通して、社員との距離を縮めている。また、日報には同僚に対する感謝の気持ちを書く項目があり、パソコンで見ることができるようになっている。社員同士の良好な人間関係が、緊密なチームワークを作る。福井社長は、日報にできるだけ目を通して状況把握に努めているという。

福井社長の言葉からは、「社員の目利き」に対する本気度が伝わってきた。

業界平均を大きく下回る離職率

不動産業界は全体的に離職率が高く、人材定着は大きな課題となっている。厚生労働省によれば、不動産・物品賃貸業の入社後三年以内の離職率は、二〇一四年三月大学卒業者で三四・九%だ。

だが、同社の離職率は二〇%を切る。その理由は、チームワークを促進してモチベーションを維持する仕組みと「販売ノルマ」を過剰に課さない方針にありそうだ。

モチベーションの維持という点では、前述した日報の「感謝の気持ちを伝える」仕組み作りのほか、毎日の朝礼では社員同士でハイタッチを行うなど、さまざまな工夫を凝らしている。また、定期的な「部署別懇親会」を行い、社員の人間関係を維持している。

こうしたチームワーク向上の仕組みは、福井社長が、もとは高校教諭で野球部の監督だったことも影響しているという。個々の能力を見極め、チームをマネジメントして成果を最大化するのは、監督も社長も同じだと語る。

「一人ひとりの強みや弱みを見極め、何が好きなのか、人からどのくらい信頼されているのかをしっかりと見ます。そのうえで、どのステージならば活躍できるか、どこを変えると成長できるかを見極める。個々の社員がモチベーションを高く維持して働き、チームとして連携することが重要です。リーダーがチームの成果を最大化します」

ちなみに同社は、毎年八月に少年野球大会「ノーブルホームカップ」を開催しており、県内一三〇以上のチームが参加する一大イベントとなっている。そこに同社の採用内定者も参加することで、入社前から先輩社員との親睦を図り、社会人になることへの不安を取り除いている。

また、二〇一二年からは「トレーナー制度」を設けて、離職防止を本格化させた。新人社員には二～三年目の先輩社員がついて一緒に働く。入社したてではコピー機の使い方ひとつ分からず、なかなか聞くこともできずに右往左往してしまうこともあるが、身近な先輩に相談しアドバイスを受けることで、思わぬ離職を減らすことができる。さらに、トレーナーにはチーフトレーナーが、チーフトレーナーにはマネージャーがつくなど、必ず誰かがフォローに入る仕組みだ。誰かからフォローされる仕組みが明確になると、離職率は目にみえて下がったという。

不動産業界で離職率が高い理由の大きな要因として、きつい販売ノルマを挙げることができる。この点について、大竹課長は「営業職が家を販売できるかどうかで業績が決まるといっても過言ではない。会社が伸びるには、営業職の力がなくてはならない」と語っていた。同社が目指したのは、安心して営業できる環境作り。そのため、給与では固定給部分を確保しつつ、注文住宅の年間販売棟数によって歩合がつく仕組みを導入した。

具体的には、仮に一棟も売れなくても、年収三六〇万円を保障する。それに加え、販売棟数に応じた歩合制を敷いている。年間に一二棟売れれば年収は六〇〇〇万円になり、一四棟で七〇〇〇万円、一六棟で八〇〇〇万円、二〇棟で一〇〇〇〇万円といった具合に歩合がつく。そのために目標を立てやすく、査定の納得性も増す。

さらに、社員のスキルアップのために、二〇一三年には「ジョブローテーション制度」を作り、積極的な配置転換を行うようにした。ジョブローテーションには新たな才能を引き出し、将来の幹部候補として育てる狙いがある。

二〇一三年四月入社の欠畑愛さんは、就職活動中は営業職を希望していたが、入社後に配属となったのはインテリアコーディネーター職だった。次第に仕事にも慣れ、これが天職と思っていたが、ジョブローテーションでローンや保険を扱うようになった。

「これまで保険について知る機会がありませんでしたが、いざ担当になって学ぶと奥が深い。保険は家の次に高い買い物ですから、顧客にとって最適な備えを考えます。ノーブルホームでは、ワンストップでサービスを提供できるのが嬉しい」

欠畑さんはそう目を輝かして語り、「女性が働きやすく、営業職の定着率は八〇%を超える。飲み会やサークル活動を通して、社員同士の仲がいい」と、職場の雰囲気についても話してくれた。

一〇〇%の育休取得率

こうした人材育成の大切さについて、採用企画室の大竹課長は次のように語る。

「年間二〇～三〇％の成長を遂げるためには、人を採用して育てるということに尽きます。また、住宅販売には女性が活躍できる業務が多く、女性の力が必要とされている。子育てをしながら働きやすい環境作りのため、短時間勤務や在宅ワークなどの仕組みをより整えていく方針です。将来的には、企業内保育所の設置も視野に入れています」

出産後、視点が変わって仕事にプラスになることは多い。同社では、育児休業を取得した女性社員のほぼ一〇〇％が復帰し、育児短時間制度は女性社員の約五割が利用するという。家庭の事情によっては、顧客の多い土日でも休みにする。平日業務の職種に転換するケースもあるが、保育園の送り迎えに合わせて、一日五時間勤務を目安にフレキシブルな勤務時間を組むという。もちろん、待遇は正社員のままだ。体力に自信がなければ、復帰後しばらくはパートになり、様子を見ながら正社員に戻って時短勤務をすることも可能だという。

担当顧客を持つと、接客のタイミングで子どもが熱を出してしまうなど、どうしても仕事と家庭の両立が困難になる場面が出てくる。同社ではそうした場合も十分に考慮し、建売住宅の商品開発など、自分のペースでできる職場への異動も配慮するという。

子育て真っ最中の舟生有希さんは、二〇一〇年四月に入社し、二五歳で職場結婚してすぐに子どもを授かった。独身時代はハードに働いていたため、出産間近になるとどのくらい仕事ができるのか、子育てにどのくらい時間が持てるのか、不安になったと語る。しかし、育児休業中は「やっぱり仕事が好きだと改めて思った」という。

職場復帰後は、保育園が休みの日曜・祝日と水曜が休みになった。子どもが急に体調を悪くして休むことも想定し、担当の顧客を持たず、新商品の開発にあたる。出産前と同じように思い切り働きたい思いもあったが、一方で、新しい仕事を任されることで視野が広がった。

出産・育児は「家」への見方も変える。舟生さんは、家事や育児の動線などを意識したコーディネートをより意識するようになった。もしかしたら、将来こんなことが必要になるのではないかという可能性を探り、新商品を考えるようになったという。

舟生さんは、職場の仲間が支えてくれるからこそ、就業継続できると感じている。

「ふだん人を褒めないタイプの先輩が、日報で私の仕事を認めてくれていると、胸にぐっときますね。口には出さなくても見てくれている、分かってくれているんだと実感します。大変なことがあっても、また仕事を頑張ろうと思える」

取材する限り、同社には「ノーブルホームに入社して良かった」と考えている社員がとても多い。それも、「チームで頑張る」という野球チームさながらの精神が、福井社長を筆頭として社員全員に浸透しているからだろう。日本の企業が置き去りにしてしまった、最も大切な企業精神ではないだろうか。

4 「ものづくり×女性」の最前線

「年功序列」が企業を強くする——エイベックスの場合

「ジャパン・アズ・ナンバーワン」といわんばかりに、海外マーケットに向けて「国内生産一〇〇%」を謳うとともに、典型的な日本型雇用を大事にする企業が、堅調に業績を伸ばしている。

その企業とは、自動車部品を中心とする小物精密切削、研削加工部品を製造販売するエイベックス（愛知県名古屋市）だ。同社の加藤丈典社長は「年功序列の賃金体系と長期雇用という条件が揃って初めて、高付加価値のある製品を作ることができる」と断言している。

同社が得意とするのは、オートマチックトランスミッション構成部品の製造。エンジンからの動力を最適な形でタイヤに伝えて快適な走りを実現する、自動車に不可欠な装置だ。主力製品の「スプールバルブ」は世界シェア八%、「リニアソレノイドプランジャ」は世界シェア五%を誇る。主な取引先には、世界シェア一～二位の自動車部品メーカーが揃いぶみだ。

精密切削は、高精度な技術を要求される。プラスマイナス2ミクロン（一〇〇〇分の二ミリメートル）が求められる世界だ。加藤社長は「まだまだ日本の技術でなければ実現しない」と胸を張る。

地域密着がエイベックスのモットーだ。地域の雇用を積極的に創出し、一〇〇%国内生産にこだわる。また、ものづくりは一日一日の積み重ねで、技術は長く働くなかで身につくとの考えから、同社では、人が入れ替わってしまい技術が蓄積されない派遣社員を雇わない。持続的な企業成長のためには一〇〇%直接雇用でなければならないと、終身雇用を守っているのだ。

給与体系にも同社の信念が垣間見える。昨今ではあらゆる業界で成果主義が導入されているが、同社は完全に年功序列型の賃金体系だ。製造業はチームで行うものであり、個々が競う成果主義では、自分の技術を教えなくなってしまう。社員同士が教え合う仕組みがなければ、技術の伝承は成り立たない――。その意味でも成果主義は適さず、年功序列がふさわしいのだ。

国内市場での消費増は見込めないが、経済成長中の海外市場には「質の良いものを買いたい」という需要が期待できる。だからこそ、エイベックスは高精度の製品で海外に打って出る。そして、そうした技術を支えるのは、「人」でしかないと信じている。加藤社長は、「人件費とは自己資本そのもの。きちんと社員を教育して製品価値を高めるほうが、結果的にコスト競争に打ち勝つ」と自信を見せる。

あえて地域に密着して雇用するのは、職住接近のメリットを生かすだけでなく、地域の目にさらされ、常に会社の姿勢を見てもらうという意味もある。景気が落ち込んだから、受注が減ったからといって、そう簡単にクビにはできない。雇った以上、企業にはその社員の一生を負う責任がある。

実際、二〇〇八年のリーマンショックで業績が落ち込んだ時でも、エイベックスはリストラを行わず、賃金もカットしなかった。それだけでなく、前年なみの賞与まで支給した。だが、リーマンショックからわずか三年後の二〇一一年には、リーマンショック前の水準以上にまで業績を回復させた。以降も、順調に業績は伸び、一〇年で売上高は五倍、従業員数は四倍となった。二〇一七年度の売上高は六七億七〇〇〇万円、二〇一八年五月時点の従業員数は四〇〇人だ（正社員とパートは約半々）。

一時期、受注が増えて売り上げが伸びると、残業が増え、辞める社員が増えたという。だが、エイベックスはその対策でも成果を挙げた。離職の原因についてアンケートをとると、給与の問題ではなく、体力的なきつさを感じていたことが分かった。週四〇時間以上の残業という社員も多かった。

そこで同社は、社員の労働時間を短くするため、人員を増やした。金曜の定時退社、月に一回の有給休暇取得なども徹底した。すると、離職率は大きく低下した。正社員の離職率は二〇一一年度で一三・二％、一二年度は一二・一％だったが、一三年度に七・八％、一四年度は五・五％に低下した。直近では五〜六％と安定してきている。

こうした経験から、加藤社長は「労働力人口が減るなかでは、企業が選別される時代となる。中小企業ほど、働きたいと思ってもらえるように変わらなければならない」と強く感じたという。

「会社のためという言葉はいらない」

同社は、ものづくりが好きな社員、経営理念を理解してくれる社員には、文字通り「終身雇用」をする。正社員としてはいったん六〇歳で定年となるが、希望すれば六〇歳以上はパートとして再雇用され、それ以降の年齢制限はない。現在、同社の最高齢パート社員は七七歳だという。

男性か女性か、文系か理系かも関係ない。エイベックスでは、一〇年ほど前から女性社員が増えており、新卒採用した文系女子を技術職として育てている。ゼロから教育を受けた社員は、自分で回路を作るまでになる。

育児休業は、正社員もパートも一〇〇%取得しており、正規・非正規で育児休業の取得について何も変わりはない。また、職場復帰後は、子どもが小学生のうちは九時から一六時までの短時間勤務が可能だ。育児や体力面に不安があり、工場のラインでフルに働けないという場合は、一時的に事務職に転換することもできる。ある女性パート社員は、育児休業をとりながら三人の子どもを出産したという。

女性社員の働きやすさを追求したことは、同社に良い循環をもたらしている。

たとえば、七年ほど前に、ある女性社員が発案した事業が面白い。インバウンドの一環として、海外の経営者などに向けて工場見学会を行うのだ。参加費用は一回二時間で一〇万円。世界三〇か国以上から年間三五〇〇人以上が見学しに訪れるため、「工場見学ビジネス」として成り立っている。

エイベックスでは、今後も女性社員比率を上げ、数値目標を四割としている。より精度の高いものを作るには、人によって付加価値をつけねばならない。近い将来に売上高一〇〇億円を目指すという加藤社長は、次のように語る。

「一人ひとりには見えない力がある。その潜在能力を発揮してもらうのが、企業の役割です」

エイベックスには、同社が大切にしている「三つの心」があるという。それは「気づきの心」「思いやりの心」「共育ちの心」――。

問題に気づく、異常に気づく、落ちているごみに気づく。こうした小さな気づきが、会社に潜在している課題を浮き彫りにする。課題が見えれば、皆であるべき姿に向けて改善するよう取り組むことができる。同社では、気づきを改善の第一歩と位置付ける。

また、いくら仕事ができる社員がいても、一人の頑張りには限界があり、企業全体の成果としては実を結ばない。そこで大事になるのが、チームとして仲間の意見を尊重し、思いやることだ。それによって、新たな視点からのアイデアも生まれ、時代の変化に対応できる企業となる。

そして、企業が存続していくためには、理念や技能を引き継いでいく必要がある。「教わる」「教える」という双方の役割を経験し、共に育つ心を養っていく。それが、社員一人ひとりの成長、会社の成長につながると信じている。

同社の取り組みからは、「社員の成長が会社の成長である」という強い信念がうかがえる。加藤社長も次のように言う。

「会社のためという言葉はいらない。自分のためという意欲が欲しい」

人を大切にする企業は一〇〇年続く。まさに、第二章の最後で紹介した「ゴーイング・コンサーン」（継続企業に価値がある）の理念を実現しようとする企業の好例といえるだろう。

製造現場で活躍する女性たち――協和工業の場合

エイベックス同様、ものづくりの現場に積極的に女性を登用し始めている企業のひとつに、協和工業（愛知県大府市）がある。同社では、女性社員だけの製造加工チームを作るなど、現場における女性の存在感が増している。

協和工業は、ユニバーサルジョイントの専門メーカーだ。ジョイントとは、トラクターやローラーコンベア、移動式ベッドなど、「曲がる」「回転する」という動きのある機具に用いられる部品で、同社は自動車関連部品が約五割を占める。主力製品の「ユニバーサルジョイント」や「ステアリングジョイント」は、自動車や産業機械が曲がる時に使われる装置で、動力伝達を自在に変換する。これら重要な保安部品の開発から評価までを自社で行っている。

協和工業は一〇〇％自社製品にこだわり、世界初の冷間鍛造技術によるステアリングジョイントを開発したことで有名だ。今までにないニッチな市場を作り出しただけでなく、新規参入が不可能な水準で、「ジョイントは協和」という存在感を見せる。

二〇一〇年のタイ進出を皮切りに、一一年は中国へ進出し、一五年はタイに第二工場を設立するなど、市場を大きく拡大させている。二〇一八年八月時点の従業員数は一六六人、うち女性が五三人、男性が一一三人だ。

協和工業は、女性の雇用に意欲的なものづくり企業だ。同社経営管理グループ総務担当の福澤保基常任顧問は、次のように語っている。

「事務職以外で女子の採用はありませんでしたが、五年ほど前から工場の現場でも採用を始めました。すると、ものづくりには女性の細やかさが適していることが分かってきました」

女性が現場に入ることで、視点の違いが鮮明になり、より多くの改善が図られた。たとえば、男性は重いものを持って移動させる能力に長けているが、実は、それはさほど必要とされていない労力だ。そこで、「重いものを一度も持たずに済む工程」というテーマを設定して改善案を募ると、ある女性社員がその工程を発案した。それにより、製品の流し方が工夫されただけでなく、不良品が出た場合の対処がしやすくなったという。また、職場環境も整頓され、工具などが出し入れのしやすいレイアウトに変わり、作業効率も良くなった。

鬼頭佑治社長は、誇らしげに語る。

「男性目線に立つと、どうしても、女性には決まったことしかさせない意識がどこかに働いてしまう。しかし、製造ラインに女性チームを作ることで、ものづくりの文化が変わり発展する」

製造現場で働く女性の第一期生で、一九九五年生まれの石川侑麻さんは、高校を卒業後に同社に就職した。小学校でトヨタ自動車の本社に社会科見学に訪れるなど、子どもの頃から自動車業界には親しみがあり、興味を持っていたという。

実際に現場に入ってみると「初めての機械操作は、思っていた以上に面白かった」と目を輝かせて語る。

「製品に樹脂をコーティングする工程ひとつとっても、少しむらがあるだけでへこんでしまって不良品になる。正確さと技術を要する仕事です」

「自分の仕事を見つけてほしい」

石川さんは、入社当時、社長から「自分の仕事を見つけてほしい」と言われたことが印象的だった。社長とは、毎月話す機会がある。作ることだけが仕事ではない。チームワークをどう図るか。助け合い、信頼されるためにはどうすべきか。そうした面でも、取り組むことはたくさんあると感じている。

協和工業には、そんな社員の成長を促す仕組みがあふれている。

石川さんは、入社二年目で生産の計画を立てる役割を得て、後輩に仕事を教えるようになった。また、外部研修の工場長養成塾にも通った。品質管理などの技術的な部分はもちろん、自らのライフスタイルとキャリアデザインをどう描くかという研修を受け、モチベーションが上がったという。

また、若手リーダーを育成するため、鬼頭社長自ら社員とマンツーマンで業務の改善点などを指導する。それが、月に一回の「あ4（あフォー）会合」だ。「あ4」とは、「あせるな」「あきらめるな」「あてにするな」「あなどるな」を意味する。鬼頭社長は、ものづくり企業の本質は、Q（品質）、C（コスト）、D（納期）、S（安全）、E（環境）にあると考えている。これらの点で、常に圧倒的な存在であり続けねばならない。そのため、「あ4会合」で問題解決能力のある人材を育成する狙いだ。画期的な改善提案をした社員は表彰されるという。

石川さんは「トラブルがあってうまく製品が作れなかった時、その原因を探り、解決した時に味わう達成感が、ものづくりの面白いところ」と目を輝かせていた。

担当する生産ラインで製品ができあがると、最後に機械が製品を綺麗に並べてくれるが、列が乱れて製品が倒れてしまい、不良品になることがあった。原因を探ると、製品を摑む器具が消耗していて座標がずれることが分かった。そこを直すと、問題は解決した。「あ4会合」は、社長自身への戒めでもあるという。経営者や管理職になると、ついつい

「自分でやったほうが早い」と思いがちだからだ。

なぜ社員の育成に力を注ぐのか。鬼頭社長に聞くと、確信に満ちた言葉が返ってきた。

「人に仕事をしてもらうことは、そう簡単ではありません。そして、良いものを作ったからといって売れるわけではない。ニーズにマッチしなければ、ものは売れないんです。良いものを作りながら、ものづくりの文化を変えていく。そのための人材が必要で、女性のリーダー抜擢も必須です」

また、鬼頭社長は「どこでも作れる製品を作っていては、雇用を守ることはできない」と話す一方で、「自社開発にこだわるには、若いうちからの挑戦が重要です。自立した社員を育てたい」と語っていた。

協和工業では、若手に責任ある仕事を積極的に任せている。経済産業省の後援で、二〇〇五年度から「工場長養成塾」が行われている。当初は四〇歳以上が対象とされたが、協和工業は二五歳の社員を送り出したこともある。それだけ若手の成長に期待しているのだ。「工場長養成塾」はそれをきっかけに、参加者の年齢制限が撤廃されたという。

現在は医療用ロボットの開発も進み、鉛筆の芯ほどに小さい、直径一・五ミリメートルのジョイントも必要とされている。まだまだマーケットは開発できそうだ。同社は「女性社員の力が企業の力を強くする」として、女性社員の採用を増やして全従業員の半数にする計画だという。

5　社員一人ひとりが輝く職場

「業界ナンバー1の平均給与を目指す」――ハンズマンの場合

人手不足と言われて久しい。なかでも小売業は非正規雇用も多く、安定した雇用や賃金を得て働くことが難しい。

そんな常識を覆すのが、九州を地盤にＤＩＹ（Do It Yourself）ホームセンターで業績を伸ばし続けているハンズマンだ。宮崎県都城市に本社を置き、宮崎県、鹿児島県、熊本県、大分県、福岡県に合計一一店舗を構える。一店舗あたりの従業員数は業界平均の三倍にあたる一〇〇人体制をとり、売り上げを伸ばして社員の給与も上がるという好循環を果たしている。

ハンズマンは、衣食住の「住」に取り扱い商品を絞り込むが、一店舗あたり二二万点以上ものアイテムを揃えていることで全国から注目されている。国内だけでなく、世界一五か国から四〇〇〇アイテムを直輸入し、パーツ売りもするのが最大の特徴。ネジ一本、ペットボトルの蓋《ふた》ひとつから販売しており、手袋は右だけ（左だけ）でも売るというから驚きだ。また、一〇〇本入りのストローでも、一本だけ欲しいという顧客がいれば、袋を破って一本から販売する。その徹底ぶりに惹きつけられるリピーターは多い。

ハンズマンの大薗誠司社長は「何のためにこの事業をやっているのかといえば、顧客が欲しいものを売るために尽きます」と語る。

これだけ品揃えが多ければ、どこに何が置いてあるのか、顧客に尋ねられる機会も多くなる。一店舗あたり一〇〇人のスタッフを置くのは、タイムリーに商品を案内するためだ。ハンズマンでは、毎年、新卒と中途採用それぞれ三〇〜四〇人を採用しており、正社員が約八割を占める。男女比は約半々。入社三年後の定着率は九〇％以上を誇る。

同社店舗の特徴は、商品のディスプレイにもある。店舗の天井は高く、一階と二階が吹き抜けになっている。顧客が店の空間をどれだけ楽しめるかが重要だ。売り場のエンターテインメント性を維持するため、ディスプレイのメンテナンスを手掛ける、約五〇人の「改装課」を設けている。

また、顧客の「こんなものが欲しい」という声をキャッチするためには会話が大切。ハンズマンではそのための人手を手厚く揃える。顧客の要望によっては、一週間に五〇〇アイテムの商品を入荷することもあるという。

社員に求められるのは、店舗で顧客とすれ違った時にニコッと挨拶できるか、商品があるか尋ねられて一緒に探すことができるかどうか。顧客が喜べば売り上げが上がり、売り上げが上がれば社員の給与も上がる。そうした好循環を生み出すため、社員はDIYアドバイザー資格を積極的に取得しているが、受験料と受験交通費は全額会社負担だ。

大薗社長は、「社員にはやりがいと給与で返したい。この業界で平均給与ナンバー1を目指す」と語っている。

社員が輝く仕組み作り

事実、ハンズマンでは、多様な働き方が可能で、待遇面でも業界平均を大きく上回る。

正社員には転勤があるタイプと、転勤のない地域限定正社員とがある。労働条件は極めて明確で、ホームページでも詳しく公開されている。基本給は店舗の所在地によって多少の違いがあるものの、たとえば宮崎県・鹿児島県内の店舗では、四大卒で月一七万円＋諸手当、専門・短大卒で月一五万五〇〇〇円＋諸手当などと細かく明示されている。

しかも、給与は年々ベースアップしている。たとえば、地域限定正社員の全社平均昇給率は、二〇一五年度で三・七五％、一六年度で三・七〇％、一七年度で二・四六％だった。加えて賞与が支給されるが、こちらは職能考課を実施しており個々に差がつく。

結果、ハンズマンは小売業界では水準以上の待遇を誇る。同社が株式上場した二〇〇〇年頃の平均年収（正社員）は約四〇〇万円だったが、現在の平均年収は約五一八万円（同）となっており、サラリーマンの平均給与四二二万円（国税庁「民間給与実態統計調査」二〇一六年）を大きく上回る。

福利厚生も大切にしている。小売業界はなかなか休暇を取得しづらいことで知られるが、ハンズマンは子どもの学校行事などでの休暇も促進する。また、年三回のスポーツ大会、年一回の従業員懇親パーティー、入社四年目、七年目、一〇年目の同期会など、社員が家族的な関係が築けるようにイベントを開催している。社員の希望に応じて、ボウリングやゴルフなどをすることもあるという。

従業員は総勢約一二〇〇人と多い。しかし大薗社長は、たとえ一分だけであったとしても、年に一度は全員と言葉を交わすようにしている。社長にとっても「言ったことは必ずやる」というエネルギーにつながるという。

勤続一〇年、二〇年、三〇年の節目には、永年勤続表彰を行っている。社長が一人ひとりに感謝の気持ちを伝え、年始めの全体会議では新年会を兼ねた表彰式を行う。四時間ほどかけた新年会では、社員でバンドを組んで演奏する。

また、二〇年以上勤務した六〇歳以上の永年勤続者を対象に、二年に一回の慰安旅行を実施している。ハンズマンでは、定年退職後は一年更新の嘱託社員となる。ただし、更新に上限はなく、給与水準は正社員の頃と変わらない（賞与含む）。現在、八〇代の社員が二名活躍しているという。店舗で接客する体力がなくても、新人を指導することができる貴重な人材だ。

社長の人柄が生んだ企業風土

とはいえ、働きやすい環境を整備しただけでは続かない。ハンズマンでは、採用にあたって人柄も重視する。大薗社長は次のように語っていた。

「皆を喜ばせることに喜びを感じる人を採用したい。お祭りがあれば、見ているのではなく、一緒になって皆を楽しませるタイプです」

それは、大薗社長の人柄にも表れているように思う。

同社がジャスダックにＩＰＯ（株式上場）したのは、二〇〇〇年三月のことだ。筆者は、株式新聞の記者一年生時代に小売業界を担当していたことから、ハンズマンの店舗見学に行って記事にしたことがある。その時、汗をかきながら一生懸命に店舗を案内してくれたのが、現在の社長・大薗さんだった。記事が掲載された時、ちょうど都内で同社の決算説明会があり、証券アナリストが「小林さんの書いた記事の載っている新聞を大切そうに持っていましたよ」と教えてくれた。

大薗さんが社長に就任したのは、ＩＰＯから六年後のことだった。当時、大薗社長は次のように一〇年後の目標を考えていたと振り返る。

「経営計画では、売上高や店舗数の成長はもちろん、『ハンズマンで働く人生に価値があるか』という部分を重視した。従業員からハンズマンで働いて良かったと言われるように経営したい。ホームセンターのなかで一番の価値ある存在でいたい」

ハンズマンは、二〇一七年六月期まで二二期連続の増収を続けた。一七年六月期の売上高は三二二億二二〇〇万円（前期比三・五％増）、経常利益は二五億五〇〇〇万円（同八・一％増）だ。また、利益率も上がっており、一〇〜一四年六月期の売上高に対する経常利益率は四%台だったが、一六～一七年六月期は七%台にまで上昇している。一八年六月期で連続増収が途絶えたのは、熊本地震や天候の影響を受けたことが要因だった。とはいえ、売上高は三一〇億五〇〇〇万円と健闘している。

小売業は顧客にいかに喜んでもらうかが肝要だ。安く売ることばかりではない。大薗社長には「ハンズマンに関わる人が皆幸せになるように」という思いがある。「この地域にハンズマンがあって良かった、と地域の人に思ってもらいたい。社長は従業員のために働く。従業員は顧客のために働く。従業員はハンズマンにいて良かったと思える。こんな方程式が成り立つようにしたい」

大薗社長は、屈託のない笑顔で語っていた。

従業員のやりがいを創る──ワンダーテーブルの場合

小売業界と同じように、いや、それ以上に人材確保が厳しいのが外食産業だろう。第一章や第二章でも見たように、安定しない非正規雇用が多く、離職率も総じて高い傾向にある。昨今では外国人労働者に頼っているのが現状だ。

だが、アルバイト経験者を積極的に正社員登用し、離職防止の仕組みを整えることで成長を続ける企業がある。それが、東京都新宿区に本社を構えるワンダーテーブルだ。

同社は、しゃぶしゃぶ・すき焼きの「モーモーパラダイス」「鍋ぞう」、シュラスコ料理の「バルバッコア」、地ビールを中心にした「YONAYONA BEER WORKS」など、国内外で合計一二〇店舗（二〇一八年九月現在）を展開する外食企業。二〇一八年三月期の売上高は一二六億円を誇る。

同社取締役の戸田史朗さんは、ワンダーテーブルの強みを次のように語る。

「勝てる市場を開拓して、強いブランドを作っていきます。たとえば、南米料理のシュラスコはマーケットが限られ、日本市場でトップを狙える。モッツァレラチーズをメインにしたイタリアンも他にありません。よなよなは地ビールでナンバーワン。それぞれの業態で差別化を図り、そのブランド力で人材も確保していきます」

同社では、中途採用の約半数はアルバイト経験者からの採用だ。アルバイトからの正社員転換は、入社後に定着しやすいためだ。二〇代の頃は俳優や歌手を目指してアルバイトを続け、三〇歳を過ぎた頃に就職を考える人も多いという。

ワンダーテーブルでは、人材の育成と定着に力を注いでいる。農業体験やビール工場見学など体験型の研修は、アルバイト社員でも参加可能。ランニングやバスケットボールなどの公認クラブもあり、異なる店舗に配属になった社員同士でも交流を深めることができる。また、社長と全社員が同席するランチ会など、社員が孤立して悩みを抱え込まないように環境を整えると、次第に離職率が低下していったという。実際、二〇一八年度の離職率は約八％で、業界平均を下回る。

飲食店で再び顧客に来店してもらうためには、料理の質や価格はもちろん、従業員のホスピタリティが大事だ。「市場を拓き、嬉しい時間を作る」という企業理念を掲げるワンダーテーブルでは、実際に接客にあたる従業員が大事な役割を担っていると考える。たとえば、ワンダーテーブルが展開するプライムリブ専門店の「ロウリーズ・ザ・プライムリブ」では、従業員はテーブル担当制で、顧客と密なコミュニケーションをとる。接客は自己紹介から始まる。同店の客単価は一万円前後。簡単に「また来るね」とは言えない価格だ。誕生日や記念日に来てくれる顧客が多いという。

恵比寿ガーデンプレイス店で働く白石聖来さんは、「やっぱりロウリーズの接客が好きです」と目を輝かせて語っていた。顧客の入店時には、テーブルの主役とホストを瞬時に判断する。合間を見計らっては声をかけ、会食を進めていく。帰り際に「今日はありがとう」と言われると、疲れがすっと消えていくという。正社員の白石さんは、スタッフのまとめ役も担いプレッシャーもあるが、「ここでしかできない」と思える仕事が支えになっている。

「鍋ぞう」で働く堤航太朗さんは、アルバイトから正社員に登用された一人だ。音楽の道を目指してDJ活動を続けながら、一〇年近くアルバイトを続けたという。その間、何度も正社員にならないかと打診されたが、飲食業の正社員は大変なイメージがあって断っていた。だが、上司の支配人に憧れを抱くようになり、三〇歳を目前に正社員となった。

ホスピタリティを試される部分は、毎日のようにあるという。顧客が何を求めているかは、接客マニュアルには書かれていない。六〇代の夫婦を接客した際、デザートに誕生日を祝うプレートを載せたところ、女性が嬉しさのあまりに涙ぐむことがあった。堤さんは「この仕事をやっていて良かった」と心底感じたという。

外食産業は高度なマニュアル化が進み、従業員にとってやりがいを感じにくい部分がある。低価格路線と人手不足が進む昨今ではなおさらだろう。だが、外食産業で姿を消しつつあるプロの接客を大事にするワンダーテーブルでは、一人ひとりの従業員に誇りがあるように感じられた。先述の堤さんも、「早く支配人になりたい」とマネジメントに必要な勉強に励んでいた。

従業員のやりがいを搾取するのではなく、共にやりがいを創っていく――。そんな取り組みを整えていることが、ワンダーテーブルに人材が定着する理由なのだろう。

終章　中年フリーターは救済できるか

本書を締めくくる終章では、「中年フリーター」を救う手立てについて考えてみたい。厚生労働省は、二〇一七年度から、就職氷河期世代の完全失業者を正社員として雇用した企業には、助成金を支払う制度を新設した。こうした取り組みは、はたしてどれほど効果があるのだろうか。また、財界の重鎮にも「非正規社員を正社員として雇用すべきだ」と声を挙げる人物がいる。さまざまな取材から、現状を打開する手立てを見出したい。

企業経営者から見た中年フリーター問題

日本社会は「中年フリーター」という問題を放置してきた。それによって、「失われた二〇年」が「失われた三〇年」になっているという危機を直視する必要がある。筆者が取材したある行政担当者は、肩を落として次のように語った。

「派遣は派遣、非正規は非正規のままで変わらない。正社員の採用が増えたといっても新卒の話で、全体では相変わらず派遣や非正規が増えている。派遣会社数は増加する一方で、派遣切りの頃に戻ったような雰囲気だ。民間を経験した人が、安定を求めて公務職場に転じている」

状況は厳しい。ある企業経営者は、悪びれもせず語っていた。

「誰が好んで中年フリーターを採用するのか。経営がうまくいかなければ、雇用対策をやったふりして倒産させるか外資に売るのが楽でいい」

そうした現状を熟知するベテランのキャリアカウンセラーは、「採用は大きな投資行動で、企業は助成金欲しさに人を雇わない」と述べたうえで、こう嘆いていた。

「最も難しいのが、生活保護受給者の就労支援。仮にスキル不足であっても、かつては企業のなかで、社会のなかで生きていけたが、今はグローバル化で競争が厳しく、スポイルされてしまう。また、ブラック企業で傷ついた人の支援も辛い。罵倒され、蹴飛ばされ、それでももう一回頑張ろうと就職しても、何回も同じことが続くと、そのうち『もう傷を負いたくない』となって立ち上がれなくなる。皆、自信をなくしている。放置できない問題です」

こうした悲痛な声を、派遣会社はどう受け止めているのだろうか

筆者はこれまで「悲惨な職場」を追ってきたため、派遣会社大手は「ネガティブなイメージがつく」という理由で、こぞって取材を拒否してきた。だが、派遣大手でもずっと取材に応じてくれる会社が二社だけある。株式を上場している、パソナとテンプスタッフ（パーソルテンプスタッフ）だ。

パソナグループの南部靖之代表の見方はこうだ。

「企業は自らの利益を考えて海外に進出していった。国内産業が空洞化し、安定した雇用の場が減少したことの原因に、製造業の責任が一定程度あったのかもしれない。いくら景気がよくなっても、職場で教育を受けられず能力が開発されていない場合、労働者は恩恵を受けられない。企業が株価やＲＯＥ（自己資本利益率）の向上に走った結果、リストラを行う企業がエクセレントカンパニーと言われた」

「中年フリーター」の置かれる状況についても理解を示す。

「中年フリーターは時代の犠牲者だ。今もなお年収一〇〇万～三〇〇万円にとどまり、改善されていない」

財界の重鎮、伊藤忠商事の元会長である丹羽氏も企業の責任を問う。丹羽氏は、筆者が就職氷河期世代の非正規雇用問題に取り組むにあたって、数々の意見や助言をくれる存在だ。

「景気が良くなっても、労働分配率が低いと企業にお金が溜まる。絶えず分配率を見ながら賃金を考える。それが大きな枠での見方です。だが、最近は景気が良くなり企業収益が上がっても、分配率が上がらない。企業が内部留保を増やしすぎていて、そこにメスを入れるべきです」

また、丹羽氏は二〇〇四年頃の段階で次のように語っていた。

「同じ労働者のなかで『私は正社員、あなたはフリーター』という序列ができる。貧富の差が拡大して、社会的な亀裂が生まれ始めています。一〇年から一五年も経てば、この社会の崩壊が明確に姿を現してくる。その時になっても『too late（遅すぎる）』ですよ」

当時のインタビューから一四年あまりが経過した。丹羽氏の見立てどおり、もはや「too late」という状況に陥っているではないか。

政治家から見た中年フリーター問題

かつて筆者は『ルポ〝正社員〟の若者たち――就職氷河期世代を追う』（岩波書店、二〇〇八年）を上梓した。当時、総合研究開発機構（NIRA）が発表した「就職氷河期のきわどさ」というレポートが反響を呼んでいた。同書でも引用済みだが、その驚愕の内容を簡単に紹介しておきたい。

同レポートの試算（二〇〇八年時点）によれば、就職氷河期世代の非正規雇用労働者や無業者の増加によって、一九六八〜七七年生まれの世代が六五歳以上になると、潜在的な生活保護受給者が七七万四〇〇〇人にのぼるという。そこから生じる追加的な生活保護の予算は、一七兆七〇〇〇億円から一九兆三〇〇〇億円に及ぶという。このレポートが発表されて一〇年が経過した。待ったなしの状況だ。

政治もようやく関心を寄せつつある。これまで非正規雇用の問題を早い段階から国会で取り上げたのは、福島みずほ参議院議員（社民党）や小池晃参議院議員（日本共産党）など、野党議員に限定されていた。だが、雇用破壊を断行してきた自民党のなかからも、ここへきて現状を問題視する声が聞こえてくるようになった。

その代表的な人物が石破茂元幹事長だ。二〇一八年の自民党総裁選で、安倍晋三首相と一騎打ちをした石破氏は、次のように危機感を募らせていた。

「非正規雇用は企業が人件費を削減するために利用されており、これを減らさなければならない。バブル経済の崩壊を契機に雇用の非正規雇用化が進み、就職氷河期世代はもう四〇代になっている。非正規雇用では、年功序列による賃金上昇も役職による昇進もなければ、退職金も厚生年金もない。中年層の非正規労働者は二〇四〇年から高齢者になり、大きな集団として登場することになる」

石破氏が言うように、二〇四〇年、日本は危機を迎える。高齢者数がピークに達し、社会保障給付費が現在の一・六倍、介護費が二・四倍、医療費が一・七倍、年金が一・三倍もかかるようになるからだ。こうした課題を考えるうえで、「中年フリーター」の問題を無視することはできない。

安倍政権は雇用が増えたとアピールする。だが、その中身はどうだろう。現在、雇用の受け皿となっているのは、サービス業や医療福祉分野が中心だ。そのため、Wageless Recovery（賃金なき景気回復：筆者の造語）になるのは不可避だ。

もちろん、製造業の凋落も無関係ではない。製造業とサービス業のシェアは完全に逆転したばかりでなく、日本の製造業は「グローバル競争」の名の下に、人件費を下げて価格競争をするという下を向いた競争をしてきた。思えば、その時点で負けが見えていたのだ。その一端が、東芝による粉飾決算に象徴されているのかもしれない。

正社員化を促す仕組み

第一生命経済研究所の熊野英生首席エコノミストは、二〇一七年に「生産性問題の急所」と題したレポートを発表している。熊野氏は筆者が信頼を置くエコノミストで、非正規雇用が所得格差やマクロ経済に与える影響を試算してきてくれた貴重な存在だ。注目すべき経済レポートを継続して発表することから、業界での評価も高い。

前述のレポートでは、内閣府「国民経済計算」（二〇一四年度）をもとに、一人あたりの生産性を産業別に紹介している。それによれば、製造業が時間あたり五七〇八円であるのに対し、サービス業は二七八五円に留まる。つまり、高齢化が進むにつれて医療介護分野の雇用は拡大していくものの、高齢者向けのビジネスは利益が出にくいと言える。となると、そうした分野の雇用は非正規にシフトしていく。熊野氏は「サービスの生産性の急所がここにある」と考える。

生産性の向上のためにも、非正規を正社員に転換していくことが不可欠だ。だが、サービス業は労働コストを安く済ませたいという圧力が強く、スキルを蓄積した正規雇用を吸収する力に乏しい。同時に、消費者の高齢化で需要が弱くなるため、高付加価値化が成り立たない。これがデフレの正体だ。「働き方改革」では問題解に至らず、急所に手が届かないというのが熊野氏の分析だ。

前述の丹羽氏も厳しい目を向けていた。

「外食チェーンに見られるように、四六時中あちこちの店舗にヘルプに出されるような働き方をして、ただ食べていくために働いているのでは、生産性があがるはずがない。非正規の増加は、結果的に経済を停滞させると言えます」

とはいえ、非正規雇用の正社員化は簡単ではない。特に「中年フリーター」はなおさらだ。だが、正社員化を促進する行政の取り組みで成果を挙げている例もある。ここでは東京都の例を紹介しよう。

東京都では、二〇一五年度から正社員化に力を入れている。就職相談から職業紹介までをワンストップで応じる「東京しごとセンター」を設置している。そこには三〇～五四歳の「ミドルコーナー」が設けられており、就職氷河期への支援も手厚い。また、三〇～四四歳の非正規雇用労働者は、就職支援プログラム「就活エクスプレス」や「東京しごと塾」を無料で受講できる。「就活エクスプレス」とは、三か月以内に正社員を目指すプログラムだ。

一方の「東京しごと塾」は、二か月じっくり腰をすえて研修を受け、正社員を目指すプログラムだ。平日九時半から一六時半まで研修が用意され、コミュニケーション力など社会人の基礎力を身につけていく。個々にジョブトレーナーがつき、きめ細かく相談に乗るのが特徴だ。研修が終わっても半年は就職相談などのフォローが入るため、就職に結びつきやすくなった。

就職支援プログラムは委託事業で、現在はパソナとパーソルテンプスタッフによって行われている。パーソルテンプスタッフの正木慎二取締役執行役員は、「派遣社員はフリーターではない」と前置きしたうえで次のように語っている。

「アルバイトなどのいわゆるフリーターで三五歳以上の中年層であっても、キャリアアップは可能です。ただ、当の本人が自信を持てず、自分はダメだと思い込んでいる。意識改革が必要です。そこは、われわれ人材ビジネス会社が支援していく」

東京都によれば、東京しごと塾の実績は年々上がっている。事業を始めた二〇一五年度は、実習を受けた二〇五人のうち八六人が就職し、うち正社員採用は四五人だった。一六年度は一八二人のうち一七一人が就職して、うち正社員は八三人と成果を挙げている。

こうした地道な取り組みが、同時多発的に起きることを期待したい。

誰かを切り捨てた経済は弱い

第三章でも見たように、企業の業績を伸ばすことと安定的な雇用を生み出すことは矛盾しない。古きよき日本型雇用、社員目線に立った福利厚生、風通しのよい職場環境——。目先の利益ばかりを追求してきた日本企業は、こうした「古い」価値観をもう一度再評価すべきではないだろうか。

多摩大学名誉学長で日本総合研究所の名誉会長を務める野田一夫氏は、かつて「少なくとも企業経営にとって最も重要なものは、理論づけも計量化もできない『血の通った人間関係』のはずです」と筆者の取材に対して語った。松下幸之助や本田宗一郎ら名だたる経営者とも旧知の仲だった野田氏の言葉は重い。

丹羽氏も同じような見方をする経営者だが、より踏み込んだ提案をしている。

「企業は人次第です。『非正規』や『正規』という言葉をなくし、全てが『社員』で良いのではないか。フルタイムで働くか、パートタイムで働くかという違いがあるだけで、社会保険は働く時間数に応じて組み込まれるようにすればいい」

余裕をもって働き、余裕をもって勉強する。それが生産性の向上につながる、というのが丹羽氏の主張だ。余裕があれば、自分の人生を考える時間もできる。人生について考える余裕がなければ、働く気力が起こるはずもない——。

丹羽氏の歯に衣着せぬ持論が胸をすく。

「安倍政権が主導する国民不在の議論は、全て身内の利益のためでしかない。政治と経済を断ち切らないと、日本が崩壊してしまいます。人は育ったようにしか育たない。三〇年前には『ジャパン・アズ・ナンバーワン』と言われていたが、それは企業が教育していたからです。入社した社員の教育が大切だ。三〇代や四〇代の非正規社員でも、努力すれば追い付くことができます。お金はあとからついてくる。五〇歳になるまでは、思い切ってやってみたほうがいい」

雇用の質を改善していくことは、決して簡単なことではない。労働基準法、労働者派遣法、男女雇用均等法など、それぞれに少しずつ抜け穴があるのが現状だ。だが筆者は、社会保障に支えられながら真に柔軟な働き方を実現するほか、「中年フリーター」という問題は解決できないと考える。そのためには、「格差是正法」などの法整備を検討する必要もあるだろう。

足元の地道な取り組みでは、地方の優良中小企業と労働者のマッチングがよりダイナミックに進むことを期待したい。第三章で紹介したように、国内製造を軸にしたオンリーワンの製造業は日本が誇るべき真の強みだ。技術開発によって新たな市場が開拓され、そこに良質な雇用が生まれることを期待したい。

筆者が常々思うのは、「誰かを切り捨てた経済は弱い」ということだ。正社員を非正規社員に置き換え、非正規のまま縛り付けるような規制緩和を行ったのは明確に失政だった。そのことは、時代が十分に証明しているのではないか。二度と「中年フリーター」の悲劇を繰り返さないために、いち早く手を打つ必要がある。

おわりに

就職氷河期世代の問題が置き去りにされている——。

そう訴えていた私自身が、この問題の解を見いだせずに筆を進められずにいた。

二〇一五年一〇月、NHKの情報番組「週刊ニュース深読み」で中年フリーター問題が取り上げられ、筆者が出演したことをきっかけに本書の企画がスタートしたが、上梓するまでに三年の時間を要した。現場の取材が、あまりに絶望的だったからだ。

週刊エコノミストで初めて特集を組んだ二〇〇四年頃は、フリーター問題に冷めた目が向けられていた。だが、立教大学の金子勝特任教授や東京大学の児玉龍彦教授が、全国紙のコラムで取り上げてくれたことで風向きが変わった。そして今、この問題が広く認識されるべき時が再びやって来た。中年フリーターは、日本経済を地盤沈下させる国家的な難題になっているからだ。

しかし、取材を通して少しの道筋を見いだせた気がした。全体を底上げするために産業構造の転換を図り、付加価値があるものを作る「原点回帰」を図るのはどうだろうか。全国労働組合総連合は「親一人、子ども一人」世帯の最低生計費として、年収四二〇万円の賃金水準が必要だと提言したが、正規・非正規を問わず、皆が年収四〇〇万〜五〇〇万円を得られる社会を目指していくべきではないだろうか。持続可能な経済も社会も、個々の安定が基盤となる。

筆者は就職氷河期世代に属する。そして、就職氷河期世代の問題は筆者のジャーナリストとしての原点でもある。記者こそが、炭鉱で毒ガスを一番に検知する「切り羽のカナリア」でなければならない。大問題になる前に、「何かがおかしい」と思う素朴な疑問を探求して書く。書き続ければ、変わることもある。

継続して取材を重ねている人もいるため、本書には過去に発表した記事を改編して収めた部分もある。取材に協力してくれた人々と、編集者の粕谷昭大さんの強い想いがなければ本書は完成しなかっただろう。深く感謝し、このテーマを今後も追い続けたい。

二〇一八年一〇月　　小林美希

校閲　ペーパーハウス
DTP　㈱ノムラ

小林美希 こばやし・みき
1975年、茨城県生まれ。労働経済ジャーナリスト。
水戸第一高、神戸大学法学部を卒業後、株式新聞社、
毎日新聞社「週刊エコノミスト」編集部記者を経て、
2007年よりフリージャーナリストとして活動。
おもな著書に『ルポ 保育崩壊』『ルポ 看護の質』
『ルポ 保育格差』(いずれも岩波新書)、
『夫に死んでほしい妻たち』(朝日新書)など多数。

NHK出版新書 566

ルポ 中年フリーター
「働けない働き盛り」の貧困

2018(平成30)年11月10日 第1刷発行

著者 小林美希 ©2018 Kobayashi Miki

発行者 森永公紀

発行所 NHK出版
〒150-8081東京都渋谷区宇田川町41-1
電話 (0570) 002-247(編集) (0570) 000-321(注文)
http://www.nhk-book.co.jp (ホームページ)
振替 00110-1-49701

ブックデザイン albireo

印刷 慶昌堂印刷・近代美術

製本 ブックアート

Printed in Japan ISBN978-4-14-088566-6 C0236